日経文庫 Visual ビジュアル

資料作成ハンドブック

清水久三子［著］
SHIMIZU Kumiko

日本経済新聞出版社

まえがき

ビジネスにおける資料には、アイディアが詰まった企画や提案、実際に起きた事実の報告や伝達など、さまざまな種類が存在します。斬新なアイディアを伝えるにしろ、調査をして報告をするにしろ、知的生産をおこなう上で目に見えるアウトプットとして資料が重要であることは皆さんご承知の通りです。資料作成スキルの重要性が増してきている理由としては２つあります。

１つは、現代のビジネスパーソンは「情報の洪水」の中で仕事をしていることです。平成26年版『情報通信白書』によると、企業のデータ流通量は2005年から2013年の８年間で約8.7倍に増加しています。自分が仕事で扱う膨大なデータをいかに分かりやすく加工できるか、また、それを忙しい相手にも響く強いメッセージとして届けられるかは、以前にも増して難しくなってきているのです。

２つ目の理由は、相手が情報の洪水の中にいながら、多くの「やらなければいけないこと」を抱えていることです。忙しい方々に、他のやらなければいけないことよりも自分が進めるアクションへの優先順位を上げてもらうことが、以前にも増して難しくなってきています。優先順位を上げてもらうには、パッと見て感覚的に理解でき、納得して動いてもらえる訴求力が求められます。グラフや図の作り方、カラーリングまで、さまざまな要素でテクニックが必要になるのです。

一目で理解できる分かりやすい資料を作成できるスキルがないと、せっかくの良い内容が伝わりきれずに相手が動かず、結果、仕事が進まず、自分の価値の低下にもつながりかねません。

このように資料作成スキルはますます重要になり、求められるレベルも高くなっているにもかかわらず、体系的に学ぶ機会はまだまだ少ないのではないでしょうか？

本書は、ビジネス文書タイプ別の構成のサンプルから始まり、資料の目的と構成の仕方、そして文字・文章、表、グラフ、図解など表現タイプ別の作り方や視覚効果について、見開き２ページでコンパクトにノウハウをまとめたハンドブックです。ぜひ、デスクの上やカバンの中にしのばせておいて、活用してください。

資料作成に慣れていないという方は、頭から順に、第Ⅰ章で資料に書くべき要件を理解し、第Ⅱ章で目的・構成の設定を把握することをお勧めします。その上で第Ⅲ章以降の各表現を見ていくとよいでしょう。

資料作成に慣れている方は、表、グラフ、図解などの各章を資料作成で表現に悩んだ時などにパラパラっと見て、使える表現を探してみてください。資料作成に正解はありませんが、本書で色々なパターンを見て実際に活用してみることで、より分かりやすい資料にすることができます。

本書が、皆さんの素晴らしいアイディアを形にする一助となれば幸いです。

2016年1月

清水　久三子

目次

第Ⅰ章 文書タイプ別のスライド構成

第Ⅱ章 目的設定と構成

第Ⅲ章　文字・文章作成のテクニック

第Ⅳ章　表作成のテクニック

第Ⅴ章　グラフ作成のテクニック

第Ⅵ章 図解のテクニック

第Ⅶ章 視覚効果のテクニック

本文DTP……リリーフ・システムズ

第 I 章

文書タイプ別のスライド構成

1 事業企画書① Why

Why、What、Howで事業の意義を伝える

事業企画書は「Why＝なぜこの事業が必要なのか？」「What＝どんな事業なのか？」「How＝どうやって実現するのか？」の３つの観点で構成します。

新規ビジネスや新商品開発など新しいことを始めるための企画書には、Why、What、Howの３つの要素が必須です。

まずWhyは背景や参入の意義を、次にWhatとして事業の概要やビジネスモデル、収益の見込みを表します。最後に、Howとして進め方をまとめます。

この３つのうち忘れられがちのは、Whyです。「なぜこれをすべきなのか」という根拠が乏しかったり、根拠らしきデータを並べていても、What（事業）の必然性に連動していないと、思いつきの企画に思われてしまいます。3C（市場・競合・自社）という３つの視点でまとめるとよいでしょう。

まず「**市場分析**」では市場と顧客について、規模や構成、変化が分かるような情報を提示します。次の「**競合分析**」では、どのような点で競合に勝てるのかをレーダーチャートなどで表現するとよいでしょう。競合と自社の違いを明確に把握することで、ポジショニングが明確になってきます。

「**自社分析**」では、バリューチェーンで、価値を生み出す流れの中で、強みや資源が豊富にあるのはどこか、また弱いため補完すべきところはどこかを表現します。

最後は3Cを統合的に見る**SWOT**（スウォット）**分析**でまとめます。事業戦略立案ではよく使うフレームワークがありますが、フレームワークに情報を整理するだけにとどまらず、「だからこうすべき」という仮説や結論を導き出しましょう。

1. 背景・参入の意義(Why?)

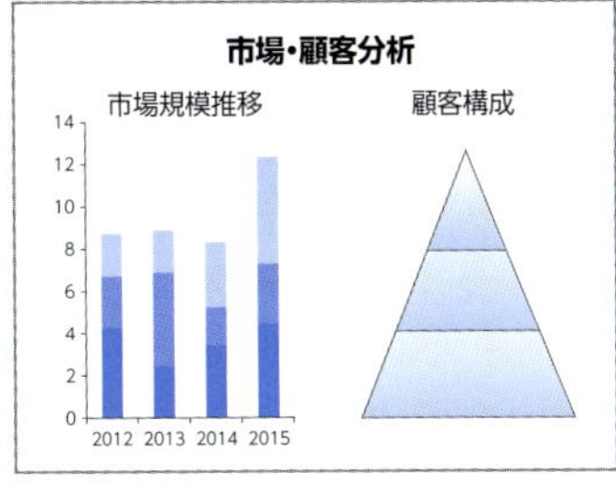

1-1 市場・顧客分析

市場規模の推移を「棒グラフ」で、顧客の全体像を「階層」で表現する。

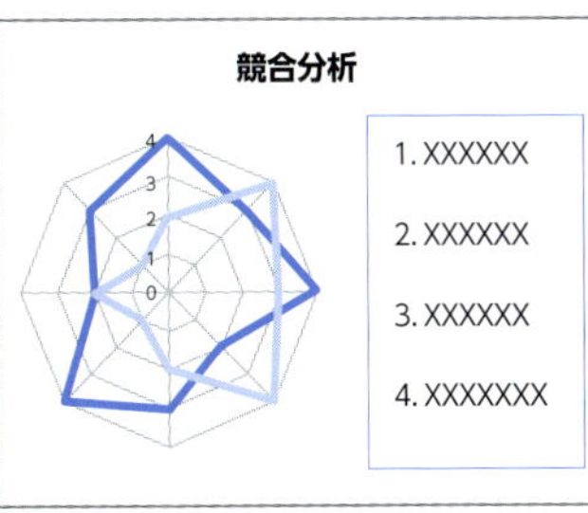

1-2 競合分析

競合と自社の能力を「レーダーチャート」で表現する。

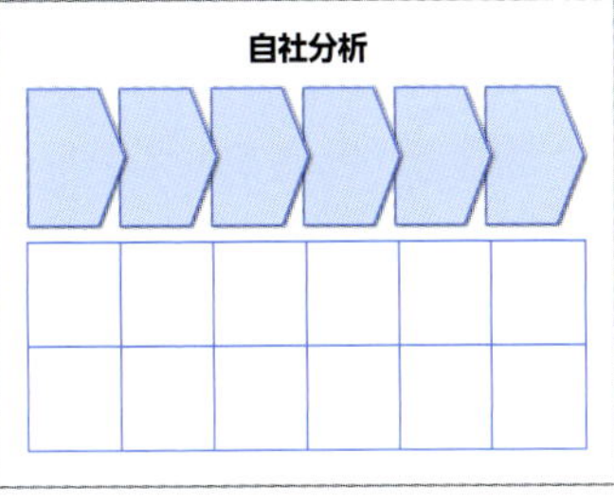

1-3 自社分析

自社が価値を生み出す連鎖(バリューチェーン)を「手順」で表現し、活かすべき強みや資源、もしくは補うべき点を表現する。

SWOT分析

	機会	脅威
強み		
弱み		

1-4 SWOT分析

機会・脅威に対して、強みを活かし、弱みをどう克服するかを「マトリクス」で表現する。

2 事業企画書② What

Whatは事業コンセプトを見える化する

Whatでは、どのような事業なのかを示します。事業のコンセプトやビジネスモデルを魅力的に見せる工夫が必要です。さらに収益も事業の魅力のひとつとして表現を考えます。

Whatでは、事業の概要を具体的に示します。まず、事業の全体像を示すために、**事業コンセプト**を端的に表現します。事業のサービスや商品がどんな要素で成り立っているのかを整理し、要素同士の関係性が分かるように「集合関係」などで表現するとよいでしょう。「循環関係」もコンセプトを示すのに使えます。覚えてもらいやすいよう、短くキャッチーな項目名や見出しにするとよいでしょう。コンセプトは、インパクトとオリジナリティ（独自性）を意識してください。

次に、**ビジネスモデル**として事業に関わるプレーヤー（登場人物）とモノの流れ（＝物流）とお金の流れ（＝商流）を図示します。プレーヤーは自社や供給者、流通チャネル、顧客、パートナーなどです。そのプレーヤー間で、商品やサービス、お金がどのようにやりとりされるのかを示します。

最後の**収支シミュレーション**は、どれくらいの投資が必要で、いつ頃回収の見込みがあるのか、また利益はどれくらいあるのかをグラフや表で表現します。損益分岐点や収支の表はたくさんのバリエーションがあるようなものではないので、基本的なものを理解した上で、事業に合わせてカスタマイズして作れるようになるとよいでしょう。

What（事業の概要）は、できるだけ魅力的に見せる必要があります。Why（事業の背景・意義）と連動させ「何が新しいのか？」「価値は何か？」が伝わるような表現にします。

2. 事業概要（What?）

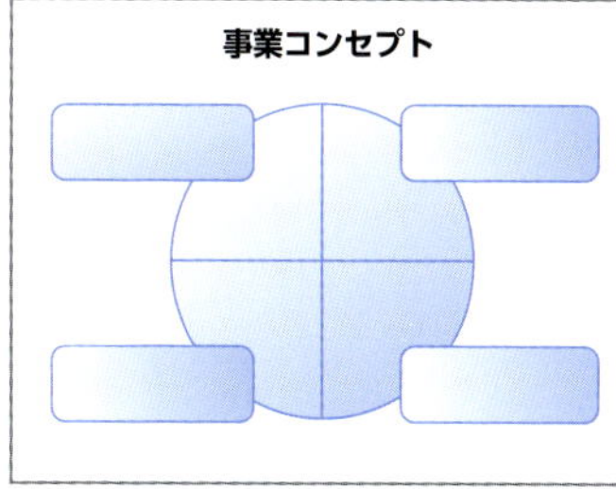

2-1 事業コンセプト

「集合」で事業の４つの領域を表現する。

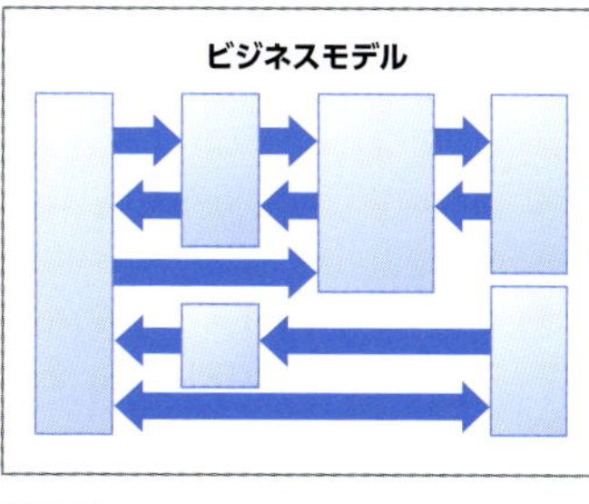

2-2 ビジネスモデル

プレーヤー（登場人物）とモノの流れ（物流）、お金の流れ（商流）を「手順」で表現する。

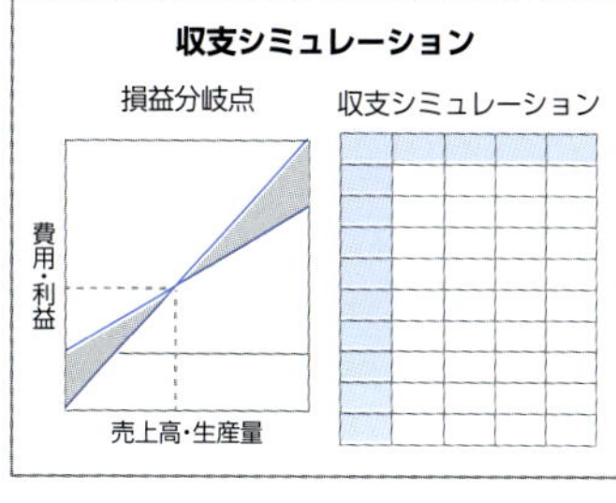

2-3 収支シミュレーション

収支を「表」で、損益分岐点を「線グラフ」もしくは「積み上げ面グラフ」で表現する。

3 事業企画書③ How

Howは事業の実現可能性を見せる

Howでは、「どうやって実現するのか？」という進め方を示します。この進め方の確からしさが企画を通す上では必須です。しっかりと練られたプランであることをアピールします。

事業企画書の最後のHowでは、どのように事業を成功させるのかという戦略、事業をどのように発展させていくのかという展開計画、体制、スケジュールなど進め方を示します。この戦略や進め方が具体的であるほど、実現可能性が高いという印象を与えることができます。

まず、**戦略**は複数の選択肢を考えた上で、どれを選ぶのか評価します。市場や競合の動き、自社でできることなど3Cの組み合わせから複数のオプションを考えます。その際、少し極端なオプションを加えておくと検討の幅が担保され、最終的に選ぶ案の妥当性を示すことができます。3Cに加え、既存事業との親和性やリスクなどを評価軸に加えて評価します。

次に**展開計画**で事業の発展や成長を見せます。どうスタートさせて、最終的にどれくらいのサービスレベルや市場展開を目指すのかを、できれば時間軸も入れて示しましょう。

最後の**進め方**は、「誰が」「いつ」「何をするのか」を示す、体制図やスケジュールです。体制図は、どれくらいの人員を投下するのかが分かる程度まで、役割や人数を記載します。スケジュールは「**ガントチャート**」が全体の規模感と個々のタスクの期間を視覚的に表現できます。詳細に決められないという場合でもスケジュール案として見せることで、しっかりと考えられた実現性の高い企画であることや緊迫感が伝わり、「早く決めなくては」という思いにつながります。

3. 市場参入計画 (How?)

戦略オプション評価

評価項目	市場性	自社の強み	競合優位性	親和性	リスク	合計
重み付け	4	3	1	2	1	
プランA	10	2	7	1	6	61
プランB	8	2	4	3	5	53
プランC	8	4	6	5	5	65
プランD	4	6	2	3	2	44
プランE	4	8	0	2	2	46

3-1 戦略オプション評価

戦略を評価する項目を決めて、「比較表」でとるべき戦略を評価して決定する。

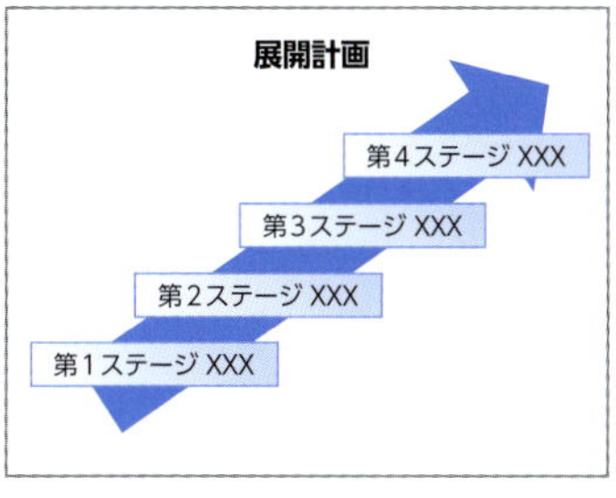

3-2 展開計画

事業をどのように発展させていくのかを右肩上がりの「発展」の図で表現する。

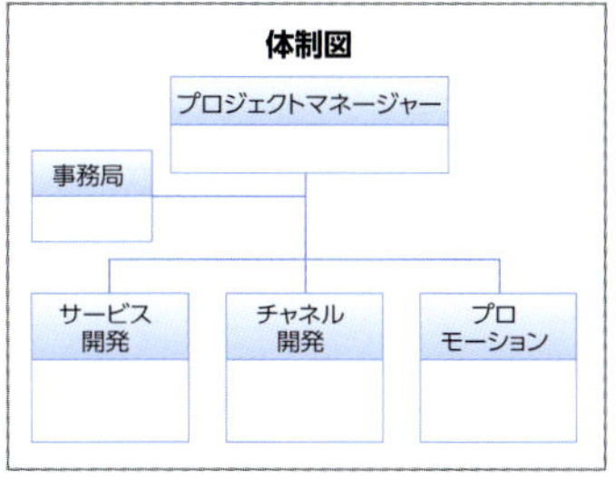

3-3 体制図

事業を実行する組織・体制、責任分担を「構造」の図で表現する。

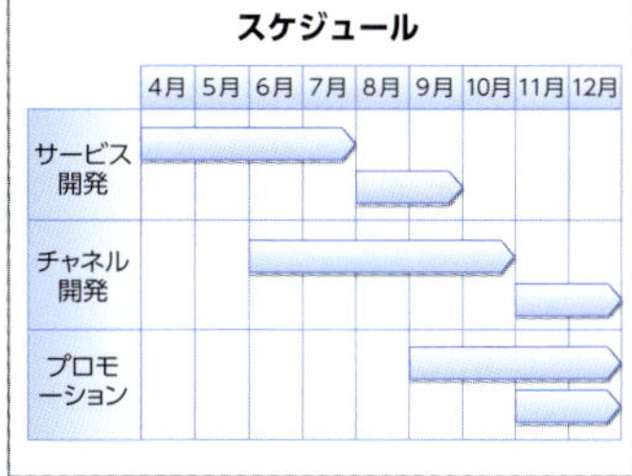

3-4 スケジュール

「ガントチャート」で時間とタスクの期間を視覚的に表現する。

4 顧客向け提案書① 不信・不急

4つの"不"のステージを乗り越える

提案書は顧客が抱く「不信・不急・不経済・不安」という4つのステージを乗り越えます。顧客が各ステージで抱く「なぜ?」に対して明確な答えを表現しましょう。

1つ目は提案される内容を認知していない「**不信**」ステージです。そもそも何を提案しているのかが理解されていない状態です。提案する内容が相手にどれくらい認知されているのかを考えることが必要です。認知度が低い場合には、いきなり商品・サービスの詳細な説明から始めても、自分には関係ないことだと思われがちです。認知度が低い場合には、「なぜ今、必然性が高まってきているのか」を納得させ、「自分ごと」だと理解してもらう必要があります。そのために、必然性が高まってきた理由としての**背景情報を提示した上で、提案する内容の全体像を表現します**。

次は「必要なのは分かったけど今は他にやるべきことがあって忙しい」という「**不急**」ステージです。ビジネスパーソンは企業の中で多くの仕事を抱えています。取り組む時間や予算をどれくらい割けるかという優先順位を上げて受け入れてもらうには、マクロ環境での優先順位の高まりや、対応しないと競合に先を越されてしまうリスクなど、**優先順位を上げるための理由が必要です**。どれだけの効果やメリットがあるのかを示すことに加えて、対応しないと最悪こうなるというリスクをイメージしてもらうこともひとつの手です。

顧客が既に問題意識や購入意思を持っている場合にはここはそれほど力を入れて作成せず、この後の「**不経済**」「**不安**」のステージの資料に注力しましょう。

1. ○○のご紹介

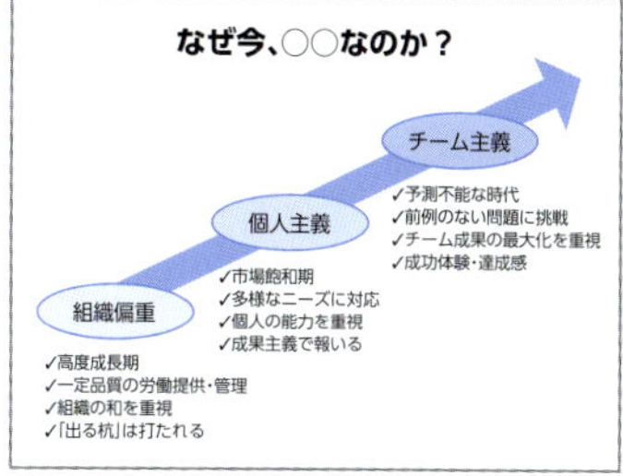

1-1 なぜ今、○○なのか？

相手に関係がある理由を表現する。「発展」の図で状況の変化を表す。

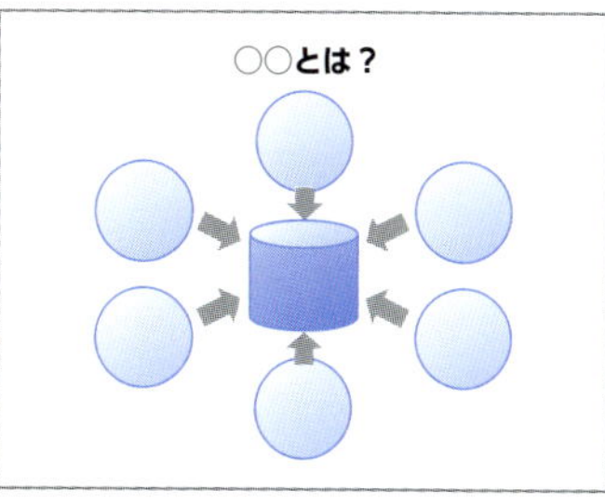

1-2 ○○とは？

サービス全体の概念を「集合」で表現する。

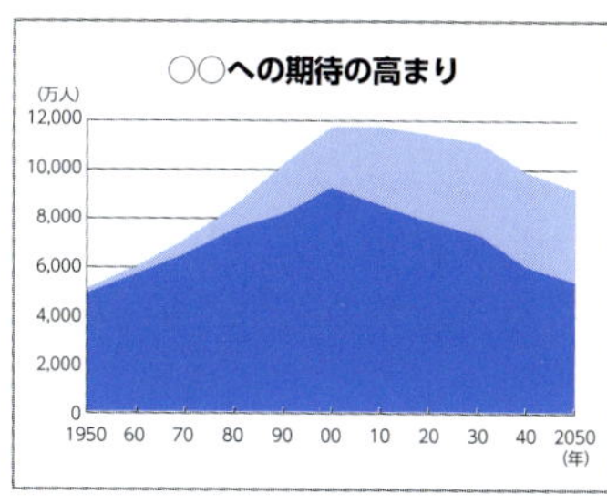

1-3 ○○への期待の高まり

市場の期待や環境変化を「層グラフ」で表現する。

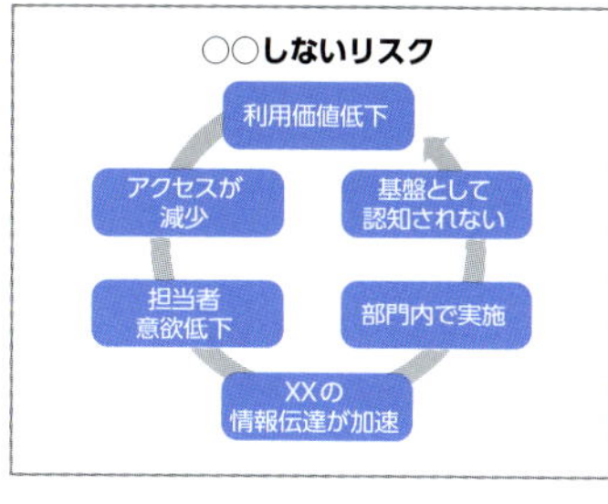

1-4 ○○しないリスク

いま取り組まないとどんなことが起きるのかを負のスパイラル＝「循環」で表現する。

5 顧客向け提案書② 不経済

相手が投資する金額の妥当性を伝える

問題意識や購入意思を持ってもらった後の「不経済」のステージでは、価格の妥当性を理解してもらいます。商品・サービスの詳細や見積もりを提示します。

「**不信**」「**不急**」の２つのステージをクリアした後は、「必要で緊急度も高いことは理解できたものの高いと感じる」「人に頼まなくても自分でできるのでは？」という経済性を問われる「**不経済**」のステージです。特に高額な商品・サービスでは、ここが最難関といってもよいでしょう。

右のサンプルスライドは、システム導入プロジェクトの提案書をイメージしています。まずは「**目的・ゴール**」で何を目指して、どのようなことが達成されるのかを表現します。サービスは目に見えにくいものなので、具体的なゴールの状態をしっかりと合意する必要があります。

次に詳細な**進め方**や**体制図**などを示します。「これはプロに任せるべきだ」ということが理解されるよう、専門性をしっかり表現します。「自分でもできるかもしれないけど、時間がかかりそう」という実感を持ってもらえれば成功です。

最後は**見積もり**です。比較検討しやすいように、いくつかのオプション（選択肢）で提示します。「松竹梅」という表現があるように、３つ程度並べると選びやすくなります。

高いと思っていた価格も、さらに上のオプションを提示することで妥当性を伝えることにもなります。

サービスではなく、商品など具体的なモノの提案書では、商品のスペックや使い方、利便性、効果・特徴などをしっかりと説明した上で、価格の提示という流れにしましょう。

2. 導入プロジェクトの進め方

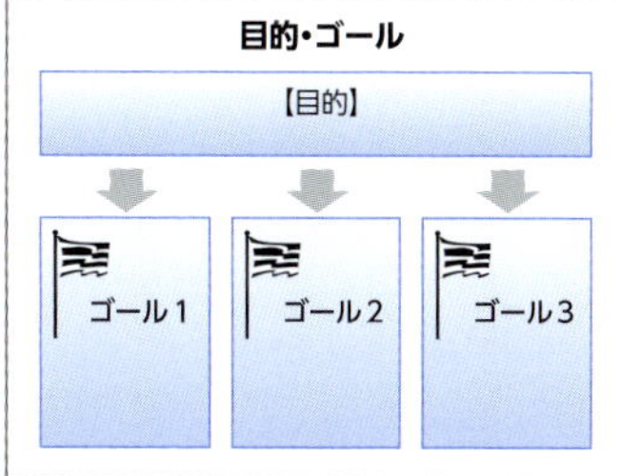

2-1 目的・ゴール

どのような目的で、何を目指すのかを「因果」で表現する。

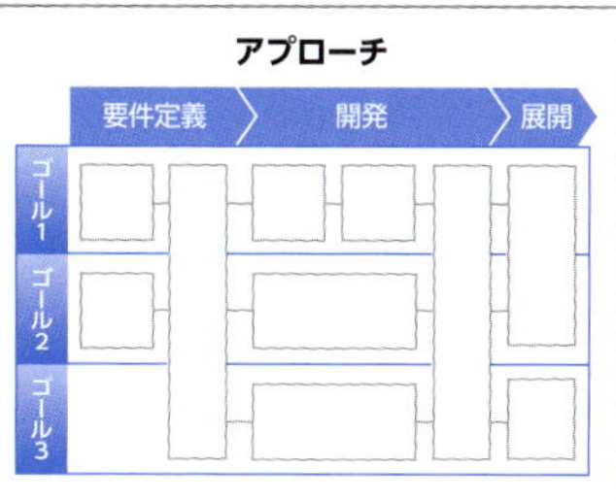

2-2 アプローチ

導入までの進め方を「手順」で表現する。

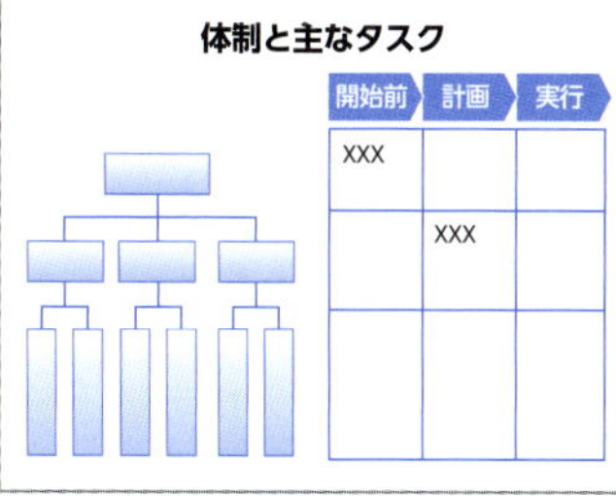

2-3 体制と主なタスク

「構造」と「表」で責任分担を表現する。

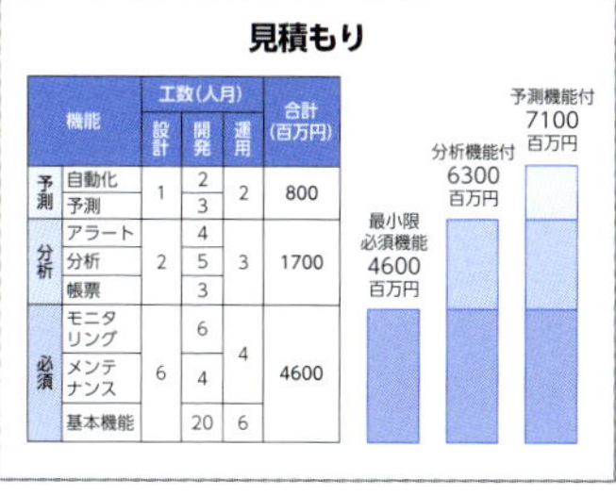

	機能	工数(人月) 設計	開発	運用	合計(百万円)
予測	自動化	1	2	2	800
	予測		3		
分析	アラート	2	4	3	1700
	分析		5		
	帳票		3		
必須	モニタリング	6	6	4	4600
	メンテナンス		4		
	基本機能		20	6	

2-4 見積もり

「積み上げ棒グラフ」と「表」で見積もりとオプションを表現する。

6 顧客向け提案書③ 不安

実績や強みを表現し、不安を払拭する

提案の最後のステージは、必然性も理解し、購入の意思もある状態で、最終的に数多ある商品・サービスの中で「本当にこれを選んで大丈夫なのか？」という「不安」を払拭します。

提案書の最後は、多くの選択肢がある中で本当にこの商品・サービスを購入していいのか、この会社に任せていいのかという「**不安**」を払拭するステージです。ここでは**自社の実績や商品・サービスの信頼性を訴求していきます**。

まずは自社の信頼性を示します。提案内容や金額が同じであれば、より信頼性の高い人・企業に軍配があがるでしょう。数値実績や外部の専門家、メディアなど、できるだけ客観的な情報を提示することで不安感を払拭します。

特に「**導入実績**」は注目されます。属性が近い人・企業が採用している情報は、守秘義務に注意が必要であるものの、非常に有力な情報です。何らかの形で提示を考えます。

メディアへの掲載実績や顧客の声はできるだけリアリティを感じてもらったほうがよいので、雑誌や新聞の記事キャプチャー（紙面の画像）や生々しいコメントなど具体性の高い情報を探しましょう。

「選んでよかった」と思ってもらうためには、他社や他商品・サービスとの**比較**も有効です。**レーダーチャート**は自社の商品・サービスの優れた点を比較して見せるのに適しています。ぜひチャレンジしてみてください。

提案書では、商品・サービスの詳細な説明に終始しがちです。**４つの「不」のステージのうち、相手が今どこにいるのかを見極めて「不」を確実に取り除く**構成にしましょう。

3. 弊社を選んでいただく理由

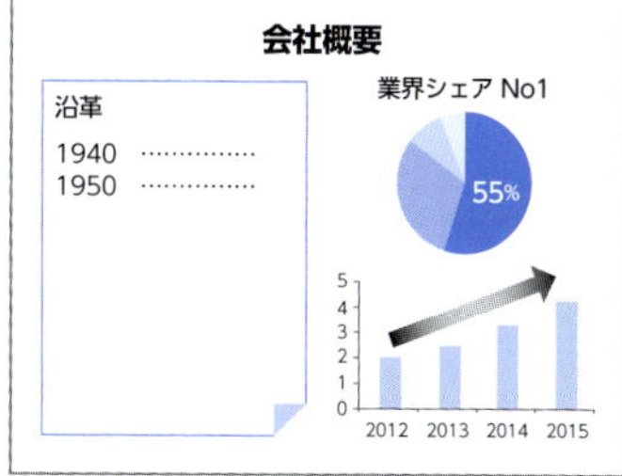

3-1 会社概要

会社の沿革や事業内容・推移を「円グラフ」「棒グラフ」で表現する。

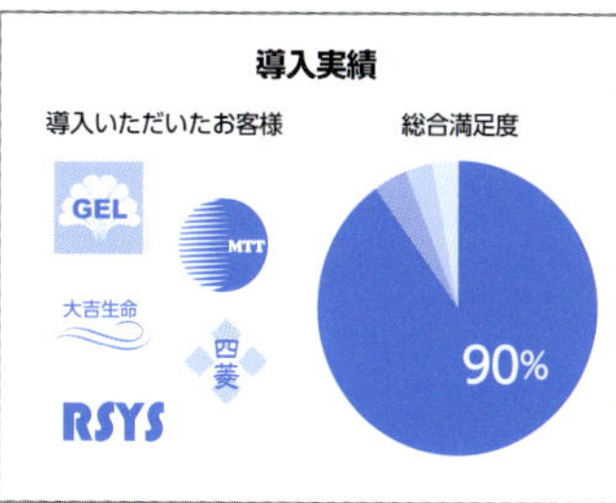

3-2 実績

導入実績をロゴもしくは記事キャプチャーのイメージで、満足度を「円グラフ」で表現する。

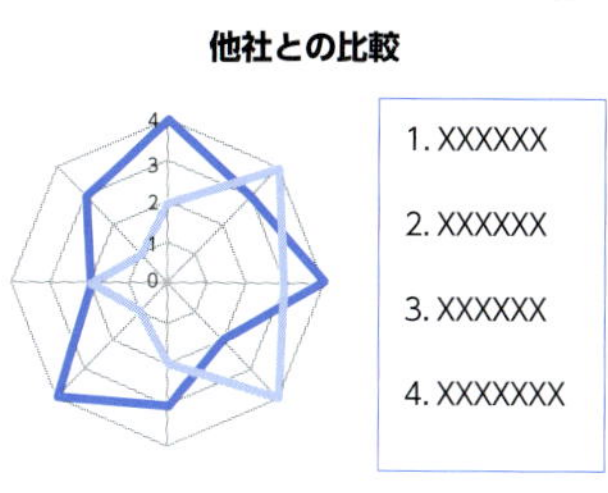

3-3 他社との比較

サービスの特徴を「レーダーチャート」で比較する。

7

調査報告書① 概要・業界調査

仮説を検証し、どう動くべきか示唆を出す

調査報告書はアクションをとるためのインプットです。単に数値をグラフ化して並べるのではなく、検証したい仮説に対して、結果をどう判断したのかを意識してまとめましょう。

調査報告書は、まず冒頭で調査の目的や、調査で検証する事項を述べた上で、調査手順や対象などを提示します。検証事項とは、たとえば、「この市場は今後も成長するのか？」「市場への参入障壁は何か？」「競合にない自社の強みは何か？」「顧客ニーズに応えられていないことは何か？」などです。この検証事項は調査設計そのものにも関わり、報告書はこの検証事項の回答になっている必要があります。

各調査の冒頭では、対象範囲を明記します。業界、競合、顧客の中には、明確に線引きしにくいものもあるためです。**ポジショニングマップ**などで、調査範囲が一目で分かるよう表現しましょう。

分析結果は、グラフが多くなりますが、単にグラフを作成して終わりにせず、そこから読み取れることをメッセージとして明記します。グラフに対して「以下のとおり」という説明だけでは、仮説の検証になっていません。さらに考察を深めて、見解や「こうすべき」という主張まで提示します。

業界や市場、顧客の分析には、PEST（ペスト）、GCS、４P、AIDMA（アイドマ）など有名なフレームワークが多数存在します。調査で検証したい仮説に応じて、検討軸として活用してみることで、偏った見方ではなく網羅性のある検討が可能になります。フレームワークを活用する場合でも、情報の整理に留まらず、見解や主張を提示することを意識します。

1. 調査概要と業界全体像

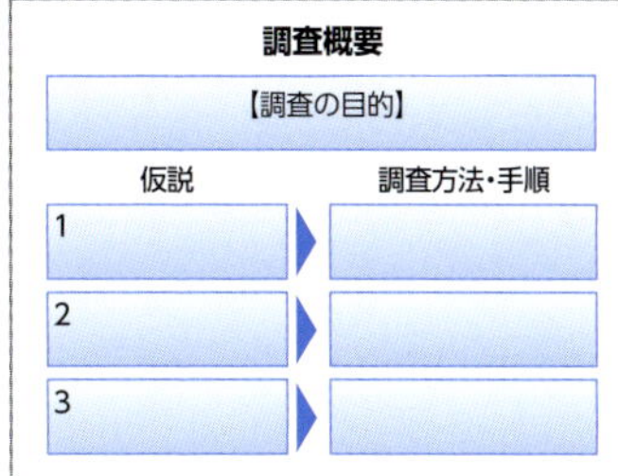

1-1 調査の概要

調査の目的、検証する仮説、方法・手順を「因果」で表現する。

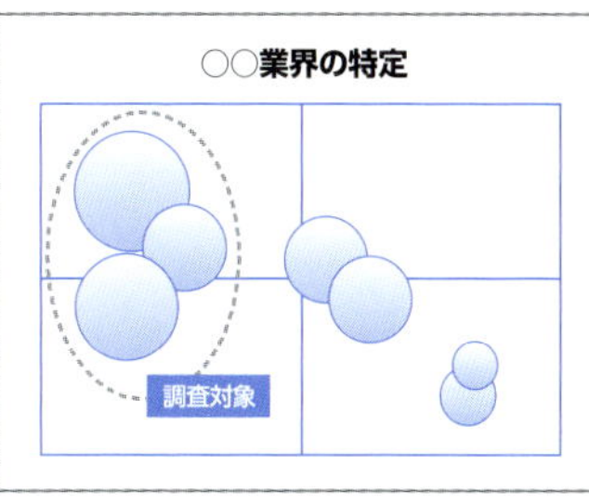

1-2 調査対象の特定

「バブルチャート」で、調査範囲を特定する。

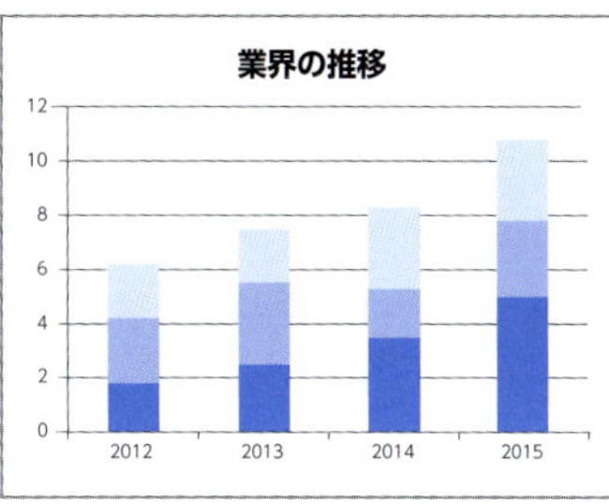

1-3 業界の推移

「縦棒グラフ」で業界規模と推移を表現する。

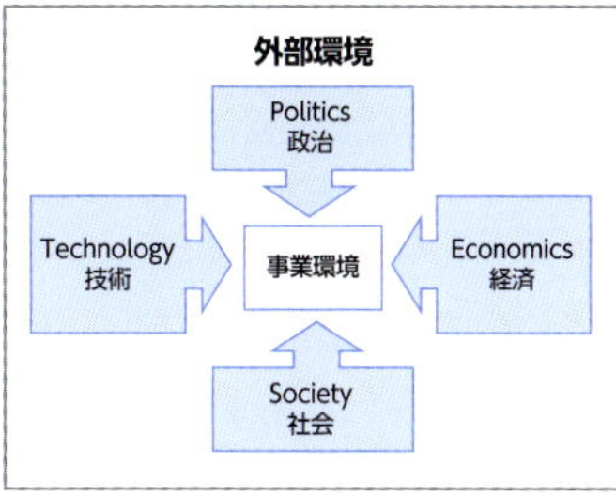

1-4 外部環境

PESTを「因果」で表現し、マクロ環境を表現する。

8 調査報告書② 競合調査

競合を特定し、自社の優位性を見出す

競合調査では、競合を特定した上で、どのような観点で比較するのかという比較軸をはっきりとさせます。強み・弱みはあくまでも相対的なものだからです。

現代は、ビジネスが複雑化し、イノベーションにより新たな業界構造が生まれたり、逆に崩壊したりと、競合を特定するのが難しくなってきています。自社の顧客に価値を届けるプロセス全体を、時には業界やプレーヤーの種類を超えて全体を俯瞰した上で、競合を特定します。価値を届けるプロセスは、**バリューチェーン**と呼ばれます。製造業であれば商品開発から始まり、生産、営業などが並びます。この流れにプレーヤーを配置することで競合を特定します。

競合調査の分析視点として意識したいのは、「**水平と垂直**」「**大から小へ**」という視点です。まず、「水平と垂直」とは、**水平は現時点での形勢、垂直は時系列での変化**です。サンプルスライドでは、経営指標比較がそれに当たります。

次の「大から小へ」は、**大きな視点から徐々に細かい組織能力へと分析を進めていく**という意味です。サンプルスライド例では、大きな財務的視点から分析し、事業の構成割合、そして組織能力の比較と徐々に詳細な比較につなげています。いきなり細かい違いを提示しても、単なる違いなのか、競争優位につながるものなのかが分かりにくくなるからです。

競合調査で重要なのは、同じところと圧倒的に異なる点を見極めることです。異なる点といっても単なる違いではなく、成果に結びつく競争優位の源泉です。競争優位性をしっかりと印象づけられるグラフのバリエーションを覚えましょう。

2. 競合調査

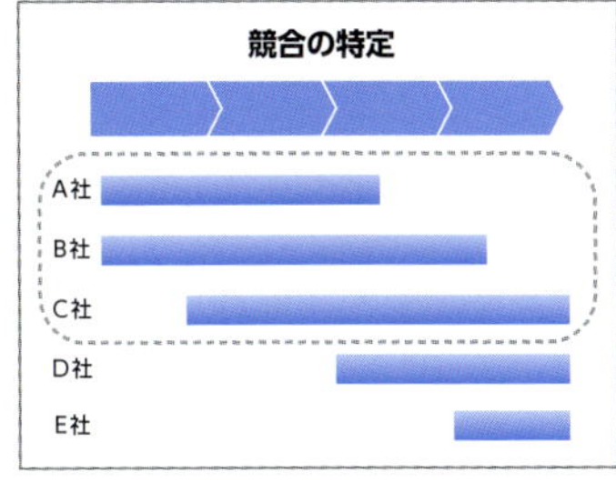

2-1 競合の特定

バリューチェーンとポジショニングマップ(「位置」)で競合を特定する。

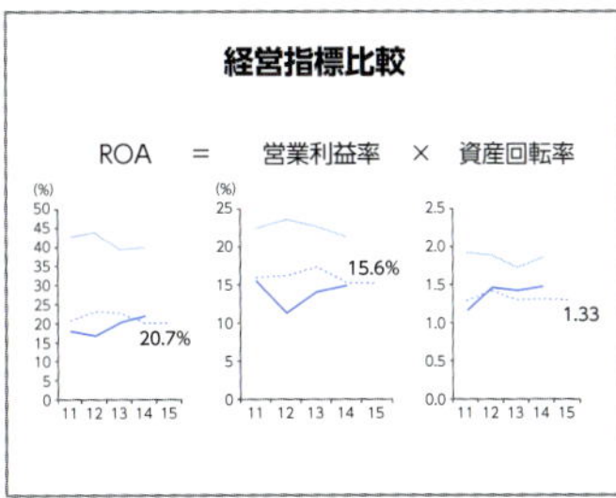

2-2 経営指標比較

経営指標の現時点での状況と推移を「線グラフ」で表現する。

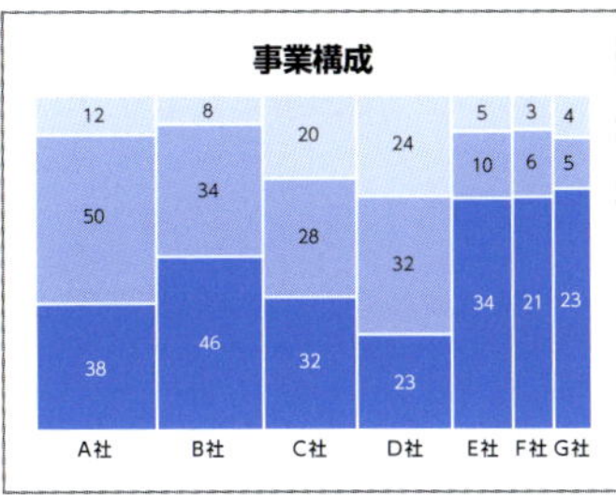

2-3 事業構成

競合の事業の内訳を「量率グラフ」で表現する。

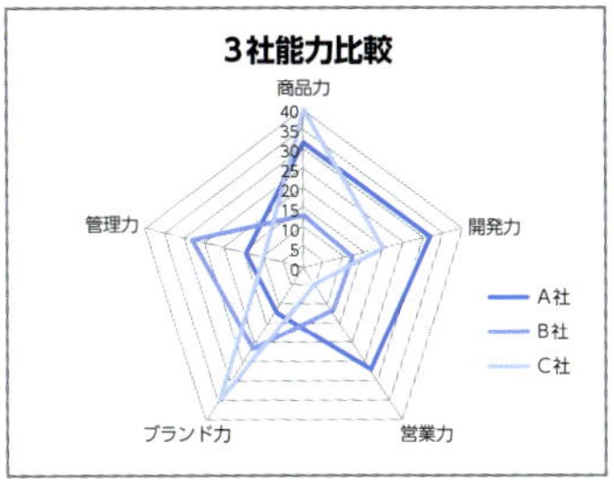

2-4 能力比較

「レーダーチャート」で強みや特色を表現する。

9 調査報告書③ 顧客調査

顧客は何を期待し、何に反応するのか

顧客調査では、商品・サービスの価値として提供したことが顧客に受け入れられているのかどうかを検証します。想定どおりなのか、想定外なのか動向を明らかにします。

顧客アンケート調査は、回答結果を円グラフでひたすら列挙する調査報告書が散見されます。それは調査したい仮説がしっかりと定まっていないためです。また、そもそも円グラフは複雑な事象の関連を示すのには向いていません。商品・サービスの開発段階で考えていた**顧客のニーズ仮説がきちんと合っていたのか、違っていたのか、環境変化でニーズが変わってきているのかを見極めるのが顧客調査の目的**です。

まずは、顧客プロファイルを明確にすることから入ります。個人顧客であれば年代、性別、職業などの属性、法人顧客であれば業種、業態、企業規模などでどのような分布になっているかを提示します。

次に、ニーズやその満足度の検証です。ランキングも、前回との変動を加えたり、上位や下位の傾向について見解を提示しましょう。単に「こんな順位になりました」というだけでは、何の見解や主張も述べていることになりません。

顧客の反応や動きを見せたい場合には、**散布図**でいくつかの項目の因果関係を見せます。サンプルスライドは、期待値と満足度の相関ですが、動きを見たいのであれば、たとえば「気温と購買数」など動きの変数となるものを設定することで顧客の嗜好や行動の特徴などを掴みやすくなります。

最後は顧客を**階層構造**や**マトリクス**などでセグメンテーションし、それぞれに採るべき施策をまとめましょう。

3. 顧客調査

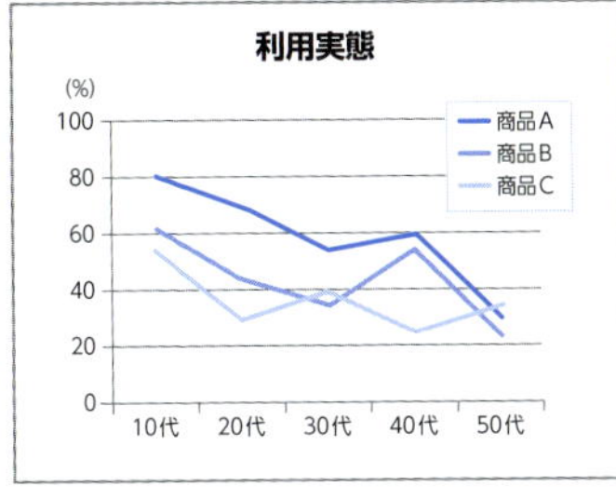

3-1 利用実態

年齢別利用状況を「線グラフ」で表現する。

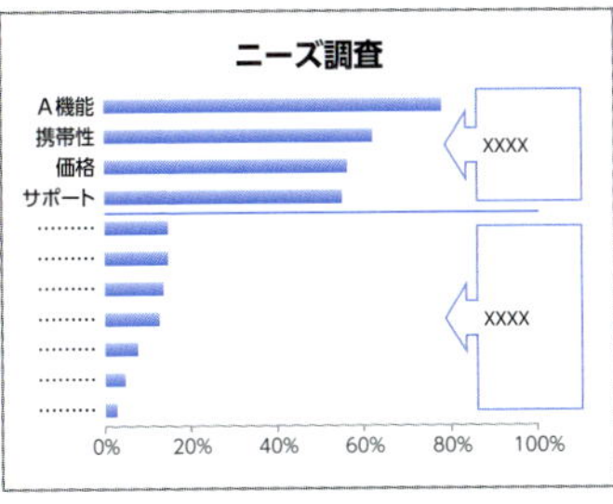

3-2 ニーズ調査

ニーズ項目の順位を「横棒グラフ」で表現する。

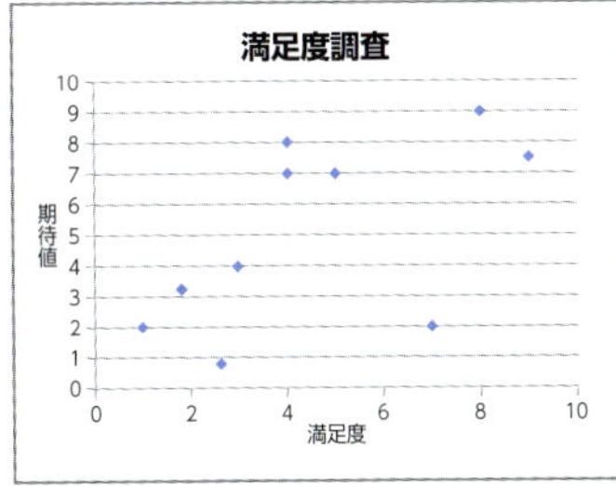

3-3 満足度調査

期待値と満足度の相関を「散布図」で表現する。

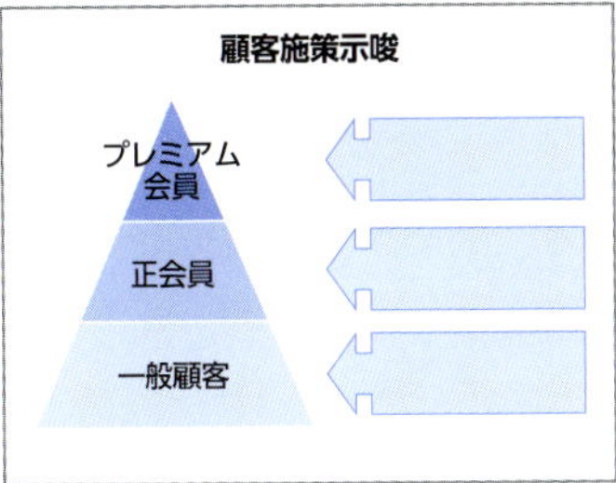

3-4 顧客施策示唆

顧客を「階層」で表現し、各階層への示唆を明示する。

10 社内向け改善提案書

問題や課題の因果関係をロジカルに伝える

業務や組織に問題があり改善施策を提案する場合には、あるべき姿を提示し合意した上で、問題を特定します。次に問題の原因や解決策を、思いつきではなく論理立てて表現します。

改善施策を提案し、承認してもらうには、原因や解決策の因果関係を論理立てて説明し、関係者に理解してもらわなくてはなりません。問題らしき事象を闇雲に挙げて、対症療法的な解決策を並べるだけでは、さらに問題を悪化させたり、思わぬ抵抗を受けたりします。

まず、問題を論じる前に「**あるべき姿**」について合意する必要があります。あるべき姿に対して関係者の認識が揃っていないと、解決すべき問題が特定できないからです。**あるべき姿に対して、現状がどのようになっているのかを示した上で、問題を特定します。**

次に、問題の原因を特定します。「なぜそうなっているのか？」を起点に分岐していく「**Whyのロジックツリー**」で表現するとよいでしょう。解決策は「○○するには？」を起点に分岐していく「**Howのロジックツリー**」で考えます。

最後に、解決策の候補を、**ペイオフマトリクス**で整理します。施策の効果と実現難易度を縦軸・横軸にとって施策の優先順位を表現します。

改善すべき状況においては、問題が複雑に絡み合っていたり、関係者の認識のズレが生じていたりします。あるべき姿という前提の確認から始まり、1つひとつ論理的に物事を整理して見せることで、関係者の問題解決への意欲を高めていきましょう。

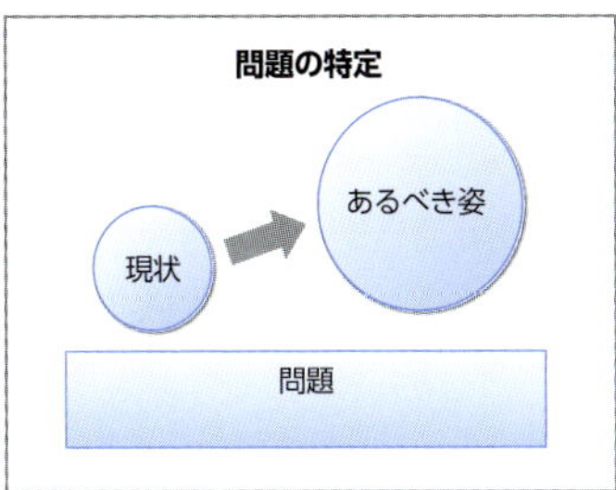

1 問題の特定

現状とあるべき姿を「展開」で示し、解決すべき問題を特定する。

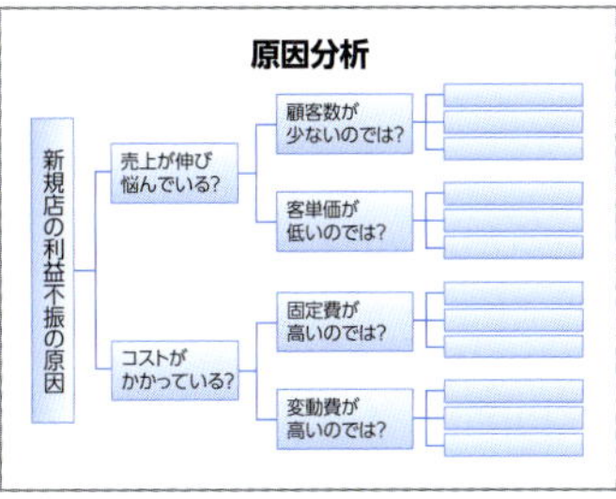

2 原因分析

「Whyのロジックツリー」で原因を究明する。問題と原因の「因果」の図で表現する。

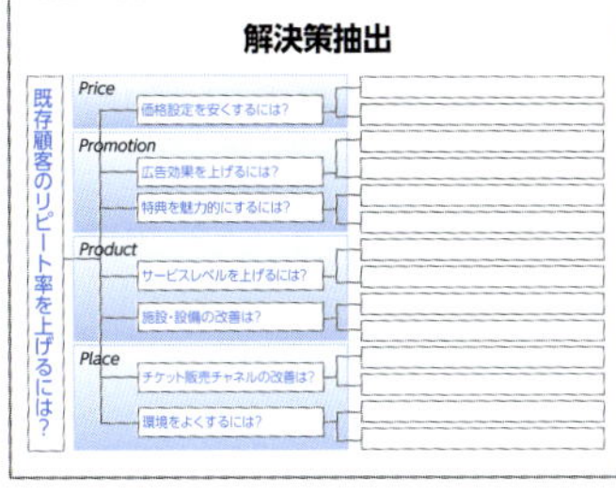

3 解決策抽出

どのように問題を解決すべきかを「Howのロジックツリー」(「因果」の図)で表現する。

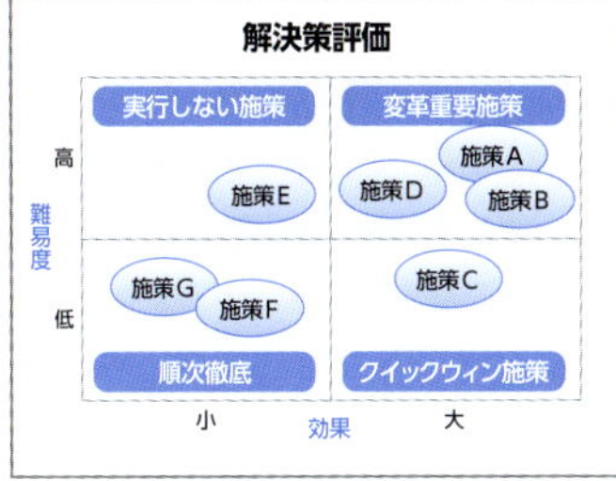

4 解決策評価

3で出てきた解決策の候補を「ペイオフマトリクス」(「位置」の図)で整理して、優先順位を表現する。

11 活動報告書

何がどうなっているのか状況を一目で伝える

活動報告書では、単にとった行動を列挙するのではなく、うまくいっているのかどうかという状況、そして行動の結果としてどのような成果が出たのかを意識してまとめます。

活動報告書の対象には、プロジェクトや事業などの大規模な活動から、出張、研修、視察などの個人レベルの活動まで、多くの種類があります。どの場合でも同様に留意すべきなのは、やったことの羅列＝活動記録にならないようにすることです。**報告を受ける側の興味としては、「上手くいっているのかどうか？」に尽きます。**

特に**大規模な活動は、QCD（Quality、Cost、Delivery）やプロジェクトマネジメントのフレームワークで、活動の要素を見える化する**とよいでしょう。たとえば、品質、コスト、スケジュール、リスク、チーム、スコープ（範囲）、利害関係者という項目に、信号に見立てた3段階の基準を設定します。

たとえば、スケジュールは、一切の遅延なしが「緑」、3日以内の遅延でリカバリー可能が「黄色」、1週間以上の遅延でリカバリーに要員追加が必要な場合が「赤」といった具合です。基準値による報告は客観的であり、状況が見える化されます。信号だけではなく、晴れ、曇り、雨など天気予報の表現、矢印の向きなど、視覚的に状態が把握できるものを採用するとよいでしょう。重要なのは、人によって異なる判断にならないように基準値の設定と合意をすることです。

このように全体を一覧で見せたのちに、個別の要素の状況をそれぞれに適した表現で提示し、最後に今後の活動を**アクションプラン**としてまとめて、確実にフォローします。

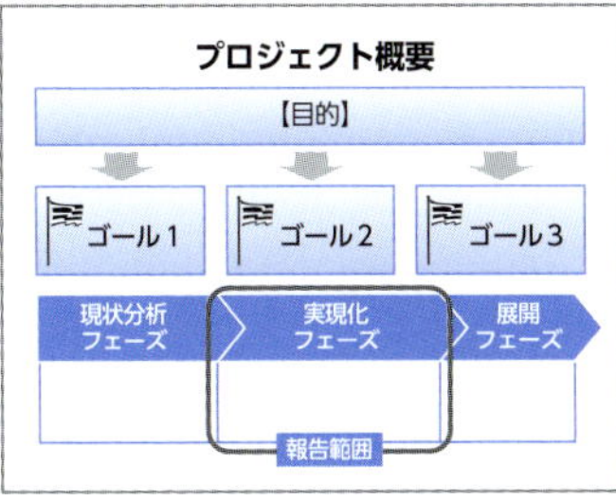

1 プロジェクト概要

プロジェクトの目的・ゴールを「因果」関係で、全体像を「手順」で表現する。

全体の進捗状況

管理項目	状況	対応	担当
品質		先行対応中	
コスト			
スケジュール		バッファを見直し	
リスク			
チーム		メンバー交代を検討	7/3 山田
スコープ		追加要望検討中	
利害関係者			

緊急：即刻方向修正のためのアクションが必要
警告：状況改善のためのアクションが近々必要
順調：方向修正のためのアクションは不要

2 全体の進捗状況

活動の主要な要素を「表」の色づけで視覚的に一覧表現する。

コスト管理
スケジュール管理
リスク管理

発生した場合の影響
大
中
小
R-S-1
R-D-1
R-C-2
R-D-2
R-S-2
R-C-1
R-C-3
R-D-4
R-D-5
R-S-3
低
中
高
発生する確度

3 個別の状況

活動の要素ごとに、状況を説明する。リスクは「位置」で表現する。

アクションプラン

管理番号	To-Do	担当	期日
Q-1	仕様確定ミーティング	大野	7/3
Q-2	フォーマット見直し	飯田	7/1
S-1	サブタスク整合性見直し	青山	7/7
S-4			
R-1			
SP-1			
SH-2			

4 アクションプラン

個別の状況から出てきた問題を解決するためのアクション、担当、期日を「表」でまとめる。

12 施策説明会資料

プログラムのリアリティを伝え、確実に動いてもらう

施策やプログラムの実行計画を周知する場合には、一目で内容が伝わり、実感できるリアリティのある表現と確実に動いてもらう明確な手順が必要です。

新施策やプログラムの説明会資料は、関係者だけではなく、対象となる大勢の人々に**内容を理解し、行動してもらうことが目的**です。あまり興味関心がない人たちを引きつけるために、ビジュアル表現ではインパクトを意識するとよいでしょう。たとえば、施策の名称を「全国懇談会」など硬めの表現ではなく、「社長全国行脚100日ツアープログラム」など**キャッチーな要素を入れる**のもひとつのテクニックです。

全体の構成としては、まず、唐突感を感じさせないように、施策の背景や、グラフなど数値情報を用いて「なぜこの施策が必要なのか？」という疑問を払拭した上で、**プログラムの概要**を提示します。

施策の要素は、キーワードや数値で、スローガンとして覚えやすいものにした上で、それぞれの関連性が分かる図解表現にしましょう。「集合」や「循環」「階層」などの関係性でどれがふさわしいかを考えます。

実施計画は、表や箇条書きよりも、リアリティが伝えられる表現を考えます。全国を回るプログラムなら、地図をフォーマットにすると、インパクトのある表現ができます。

最後の**参加手順**は、いつまでに何をすればよいのかを相手目線で表現します。複雑な手順や条件がある場合には、「よくある質問と回答（FAQ）」集をつけておくことで、問い合わせの手間を大幅に減らすこともできます。

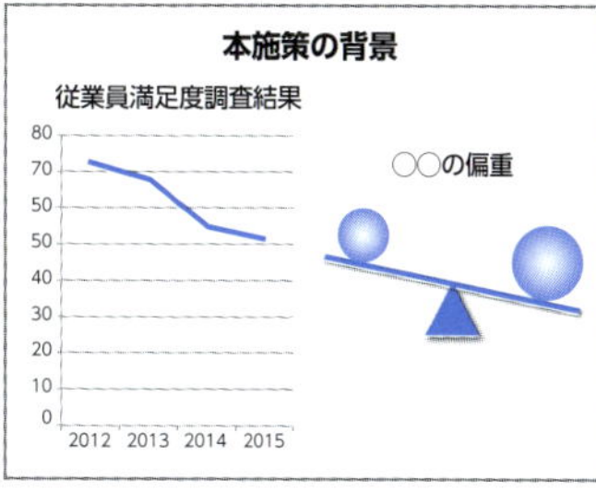

1 背景

「グラフ」や「比喩」で取り組みの背景を説明する。

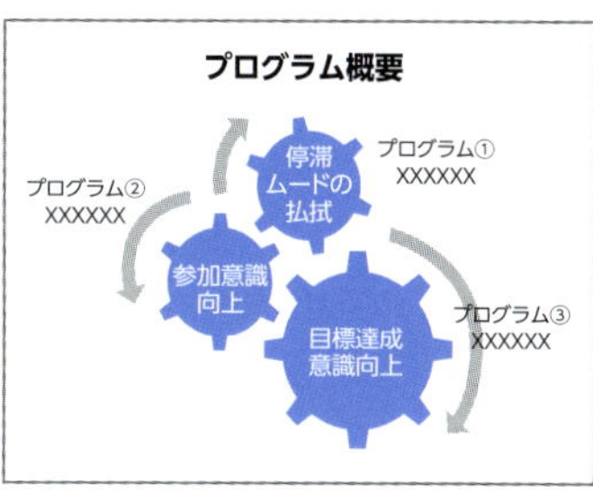

2 プログラム概要

プログラムの狙いや構成を「比喩」で表現する。

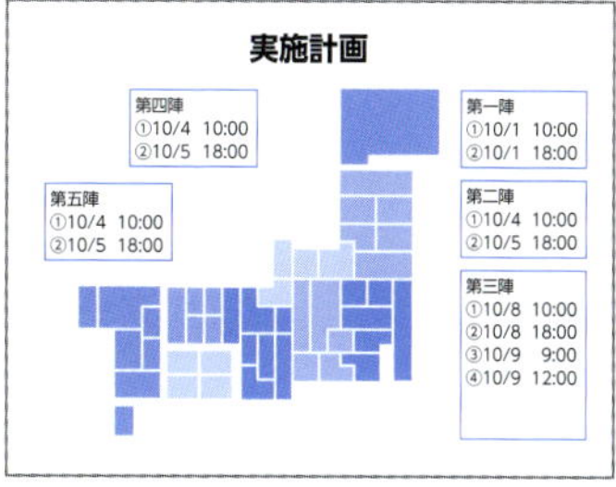

3 実施計画

地図など「リアルフォーマット」で表現する。

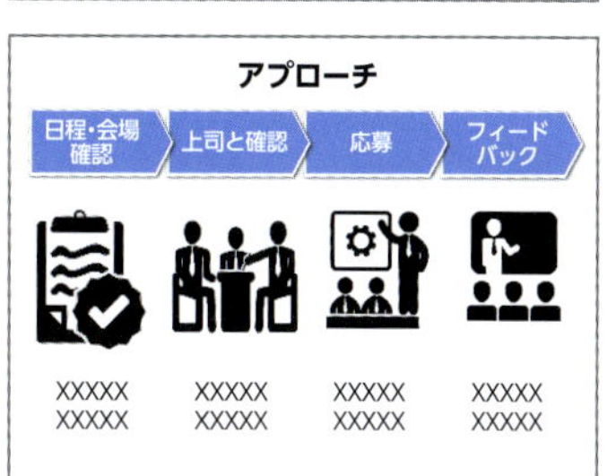

4 参加手順

「手順」で参加の仕方を表現する。

Coffee Break

ちゃぶ台返しを防ぐコツ

ここでは、ちょっと視点を変えて、資料作成者というより作成者に指示を出す立場の方に向けた、レビューによる資料のクオリティの向上についてお話ししましょう。

レビューとは、作成者以外の上司やマネジャーが資料の出来を確認することです。何となくおこなってしまうと、資料作成の終盤になって方向性が違っていたことが分かって「そもそも違う！　やり直しだ！」と、すべてをひっくり返す「ちゃぶ台返し」状態になり、作成者に大幅な作業の手戻りが発生してしまいます。

ちゃぶ台返しを防ぐためには、レビューの手順を双方が認識していることが効果的です。方針・ドラフト・最終レビューの３段階で確認するとよいでしょう。まず、方針レビューでは、方針とアウトプットイメージを確認します。本書の第１章のイメージくらいまで認識を合わせておけば、手戻りも発生しにくいでしょう。次のドラフトレビューは、資料がおおよそできあがっている状態で、メッセージが論理的にきちんとストーリーや構成に落とし込まれているか、用語、スライド構成、各ページの内容の整合性が取れているかを確認します。最終レビューでは、目的もストーリーも構成も整合性が取れている上で、ビジュアル化の技法がきちんと効果的に使われており最終的に伝わりやすい資料となっているかどうかをチェックします。

慣れてくれば、３度に分けずに、方針の後は最終レビューでもよい場合もあるでしょう。いずれにせよ、方針やアウトプットイメージの認識を早めに合わせるのが、ちゃぶ台返しを防ぐコツです。

第Ⅱ章

目的設定と構成

13 目的の明確化

相手をどのような状態にするかを決める

情報や伝えたいことをとりあえずまとめるのではなく、最終的に相手にどんな行動をとってほしいのか、そのためにどのような状態にすべきかをまず明確にします。

何のために資料を作ろうとしているのか資料を通じて達成すべきゴールを明確化することが、スタート地点です。ビジネスで作成する資料は、相手から何らかのアクションを引き出すことが前提です。目的の明確化とは、**相手にどんな行動をとってもらいたいのか**を明らかにすることです。

たとえば報告書を作成するとして、相手である上司に求める行動は「上司に営業活動をサポートしてもらう」「上司に自分を高く評価してもらう」などが挙げられます。どちらの行動をとってもらいたいのかを決めることで、この後の理解してもらいたいことや心理状態が変わってくるわけです。

次に、その**行動をとってもらうために、何を理解してもらいたいのか**を明らかにします。行動に紐づかない理解は単なる情報の羅列でしかなく、分かりにくいという印象を与えてしまいます。相手の行動に必要かどうか、情報を取捨選択するためにも絞り込みましょう。

目的設定の最後は、**相手に行動してもらうためにどのような状態にするべきか**？です。資料を読み終わった後や説明し終わった後、どんな状況になってもらいたいか。たとえば営業資料であれば「商品の利用シーンをイメージできてワクワクしている」、上司への報告資料であれば「積極的にサポートしたいという気持ちになっている」など、その相手にどういう状態であってほしいのかを決めます。

目的を設定する順番

①どんな行動をとってもらいたいのか(ゴール)

- 資料を読んだ相手に期待する「行動」を書く
- 「合意」ではなく「予算の承認」など、より具体的にする
- 「理解してもらう」ことをゴールしない

②何を理解してもらうのか

- ゴールを達成するために理解してもらう、もっとも重要なことを挙げる
- すべてではなく、必須のものに絞る

③そのためにどのような心理状態にすべきか

- 資料を読んだ相手が行動をとるにあたりどのような心理状態が望ましいかを考える
- その感情になるストーリーかどうかチェックする

目的設定の例

	例1 プロジェクト提案書	例2 操作マニュアル
ゴール	プロジェクト予算の承認と必要な人材のアサインをしてもらいたい	新システムを業務で活用できるようになってもらう
理解	プロジェクトが成功した場合の効果を理解してもらう	すぐに覚えられて実践可能なスキルやテクニックを理解してもらう
心理状態	プロジェクトに対して好意を持ち、支持者の気持ちになってもらう	「これなら自分もできそうだ」という気持ちになってもらう

14 プロファイリング

相手を知り、資料の仮説を立てる

目的設定をした後は、相手の理解度や期待値を把握する「プロファイリング」をおこないます。人物像や保有している情報からどんな資料にするのか仮説を立てます。

マーケティングの「カスタマプロファイリング」とは、購買履歴を心理的な側面から分析し、行動特性を明らかにすることです。購買行動を起こさせるのにもっとも効果的な販売促進策を企画します。FBIの心理捜査官が犯人像の推定に使う「プロファイリング」をビジネスに応用したものです。

資料作成では、**相手の「人物像」やその人が保有する「情報」を分析することで、「期待」や「理解」のレベルを明らかにし**、それを踏まえた上で**「何をどのように伝えると最も効果的か」という方法＝「仮説」を構築します**。

まずは、相手の**人物像**として、役割や関心事について情報を集めます。そこから資料に対してどのような**期待**を持っているかを考えます。ここでは自分が伝えたいことからいったん離れて、相手のことをしっかりと考えてください。

次に保有**情報**を把握し、相手の**理解**レベルを推測します。新しい概念や用語も、相手が知っているのかどうかを考えます。目的設定で相手に理解してもらいたいと考えたことに対しては、特にどの程度の理解レベルなのか把握しましょう。

仮説は、特に何を訴求すると効果的なのかを考えます。人物像や保有情報、期待や理解については、本人に直接確認することができれば一番ですが、そうはいかない場合には、周辺の関係者などに尋ねたりして積極的に情報を入手しましょう。ここでの情報の質の高さが仮説の精度につながります。

プロファイリングのフレームワーク

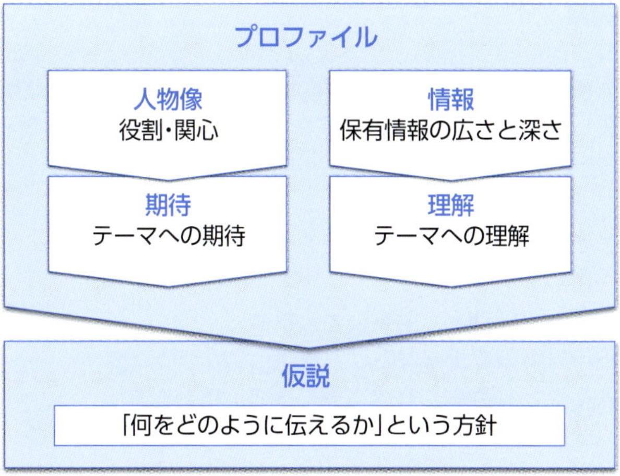

プロファイル

人物像
役割・関心

情報
保有情報の広さと深さ

期待
テーマへの期待

理解
テーマへの理解

仮説

「何をどのように伝えるか」という方針

プロファイリングの例

人物像	情報
業務改善の必要性は感じているが、新しい施策の定着には疑問を持っている	現状についてはだいたい把握している。他社事例の情報はまだ見ていない
期待	**理解**
成功事例や効果を知って確信を持ちたい。具体的な定着のための工夫が知りたい	必然性は理解しているが、具体的な運用などはイメージできない
仮説	
成功・失敗事例を画像なども含めて具体的に見せる。業務が変わった結果として、効果を定性的・定量的に訴求し、予算の概算承認を得る	

15 メッセージを作る

主張と根拠を体系的に整える

メッセージとは単なる「伝えたいこと」ではなく、「主張」と「根拠」が揃っている必要があります。論理の破綻（ロジックエラー）がないようにメッセージを組み立てます。

まず、メッセージとは何かを考えてみましょう。メッセージを因数分解してみると、以下のようになります。

メッセージ　＝　主張　×　根拠

別の言い方をするならば、以下のようになります。

Aだから（根拠）、Bすべきである（主張）

つまり、主張と根拠を明確にしないまま資料を作ると、相手はどんな行動をとってよいのかが分かりません。この状態は主張か根拠（または両方）が欠けている、もしくは主張と根拠がつながっていない状態は論理立っていないため「**ロジック（論理）エラー**」と言います。

ロジックエラーを防ぐには「**ピラミッド構造**」で考えます。ピラミッド構造とは、主張と根拠のつながりを見える化する手法です。頂点に主張があり、その下に主張を支える根拠を配置します。ピラミッドは下に行くほど具体的な根拠や情報、上に行くほど抽象度の高いメッセージという構造です。一番下位には、証明しなくても通用する情報を配置します。簡単なメッセージなら、サブメッセージの階層は不要でシンプルなものになりますし、提案書や報告書など複雑で大きなテーマなら、階層が深くなり巨大なピラミッドになります。

ピラミッド構造でメッセージを構成する方法は、資料だけでなく、口頭で話す場合などビジネスコミュニケーション全般において有効です。ぜひ活用しましょう。

主張と根拠を整えるピラミッド

- 1970年代初期にマッキンゼー社のバーバラ・ミントがロジックの重要性に着目して確立した「論理のピラミッド構造」という考え方、手法

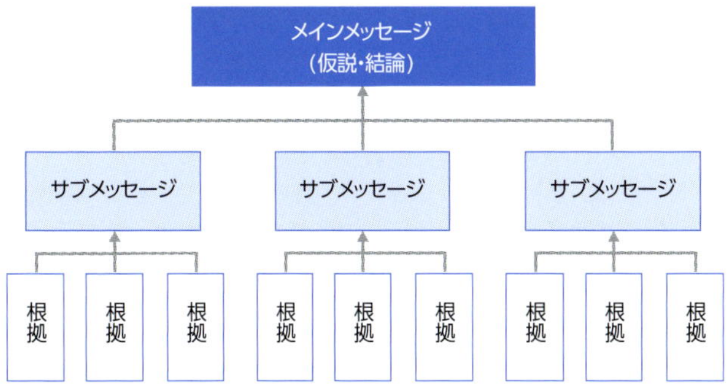

ピラミッドでメッセージを構成した例

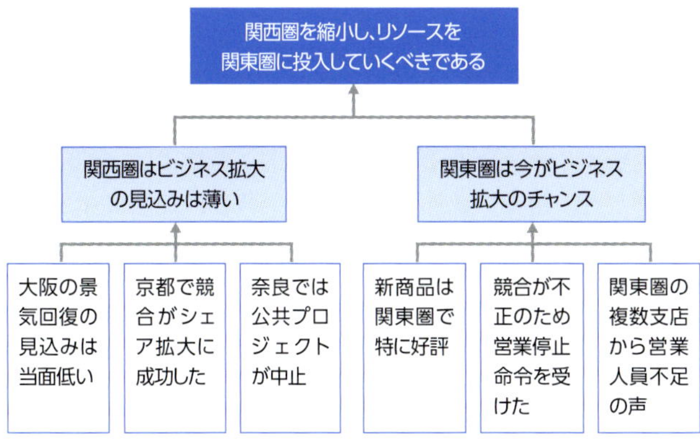

- ピラミッドは、下に行くほど具体的で、上に行くほど抽象度が高い
- 一番下位のレベルは、事実の証明がなくても通用するレベルにする

16 メッセージのインパクトを高める

"SUCCESs"で記憶に残す

メッセージを考えたら、相手の記憶に残るようインパクトを意識して強めます。伝えたいメッセージを6つのインパクトの要件で検証することで本質的なものにします。

メッセージをピラミッド構造で整えても、主張と根拠を論理立てて理路整然と並べたにすぎません。提案や企画など相手を動かす難易度の高い資料では、メッセージのインパクトを高める必要があります。そんな時に参考になるのが、チップ・ハース他著『アイデアのちから』の6つの要件です。人を動かすメッセージの仕組みを研究・体系化したものです。

1つ目は「**単純明快**」。あれもこれもと情報を追加してしまい本質が見えにくくなっている資料をよく目にします。伝えるべきことを単純化することは第一要件です。2つ目は「**意外性**」。あまりにも当たり前のことを述べても相手の記憶に残らないからです。いい意味で予想を裏切り、興味関心を持ってもらうようなメッセージの出し方を考えます。3つ目は「**具体的**」。漠然とした内容ではなく、数値、実物、イメージなどリアリティのある表現にします。4つ目は「**信頼性**」。専門家などの権威、製品自体の性能、顧客の声など相手が信頼できると感じる情報を提示します。5つ目は「**感情訴求**」。喜怒哀楽のどの感情を刺激したらより動く気になるのかを考えます。最後は「**物語性**」。開発秘話や創業者の思いなども含めて考えるとよいでしょう。

6つの要件は、頭文字をとり「SUCCESs」と覚えます。すべてを満たすのではなく、どの要件を尖らせることでメッセージの本質がもっとも伝わるのかを考えましょう。

インパクトを高める６つの要件 SUCCESs

① 単純明快 Simple
② 意外性 Unexpected
③ 具体的 Concrete
④ 信頼性 Credible
⑤ 感情訴求 Emotional
⑥ 物語性 Story

インパクトを高めるテクニック例

単純明快にする
- 「一言」で表現する
- 複雑なことは比喩を使って表現する

意外性を見せる
- 相手の予想や期待を上回る事実を見せる
- 弱みをあえて見せる

具体性を出す
- 実物を見せる（商品、製作者、効果、写真）
- 数値を相手に分かるように見せる（例：東京ドーム○個分）

信頼性を見せる
- 専門家や権威の言葉、情報を裏付けとして出す
- もっとも過酷な状況下での実績を見せる

感情に訴求する
- あるべき姿が実現した状態を想像させる（喜びの感情を刺激）
- 現状のひどさを実感させる（マイナスの感情を刺激）

物語を見せる
- 商品・サービスの開発ストーリーを見せる
- ビフォー・アフターをストーリーで見せる

17 資料に盛り込む要件

相手の知りたいことが含まれているか

メッセージが決まり、資料の構成を考え始める前に、そもそも相手が知りたいことや資料に盛り込むべきこと＝「要件」が含まれているかを確認しましょう。

伝えたいメッセージやその訴求の仕方を考えたら、いよいよ次は資料の構成に入ります。その前に、**そもそも必要な情報は揃っているのかという視点で考えてみましょう**。

提案書や企画書、報告書など資料のタイプによって、書かれていなくては資料として成り立たないこと、つまり「**要件**」というものがあります。たとえば、調査報告書であれば、調査目的、対象・範囲、調査方法、調査結果、示唆などが挙げられます。当たり前だと思われるかもしれませんが、グラフの羅列がほとんどで、得られた「示唆」が書かれていないことが少なからずあります。

まずはその資料に何が書かれていなくてはいけないのかということ、つまり資料の要件を固めましょう。要件が盛り込まれていなければ、いくら推敲しても時間のムダです。

たとえば、障害報告書であれば、「**事実**」「**原因**」「**対策**」の3つは最低限の要件でしょう。要件を考えるには相手が発するであろう「**問い**」から考え始めます。

＜問い＞		＜要件＞
「何が起きたの？」	→	事実
「どうしてこうなったの？」	→	原因
「で、今後どうするの？」	→	対策

このように相手の問いを順番に考えることで、「で、どうするの？」と訊かれてしまうような事態を避けられます。

文書別の要件例

◆活動報告書

やったことの羅列になりがち。
成果を明確にする

要件	内容
目的	活動の目標と具体的なゴール
成果	達成したこと、目標に対する進捗
活動	実際の活動
総括	評価、改善点、次への課題
予定	総括を受けての今後の計画

◆調査報告書

得られた示唆(何が分かり、次にとるべき行動)が重要

要件	内容
目的	どのような仮説を検証するための調査か
方法	調査の方針、手順、対象・範囲、環境
結果	仮説に対しての検証結果
結論	調査結果から得られた示唆と次のアクションの方向性

◆解決策提案書

商品・サービスの解説書にならないよう注意する

要件	内容
現状と目指す姿	現状の姿とあるべき姿の仮説
解決すべき問題	現状とあるべき姿のギャップを埋めるために解決すべき問題
実現イメージ	商品・サービスとその活用したイメージ
効果	効果試算
進め方	スケジュール、体制、予算
信頼性	事例・実績

◆事業企画書

単なる思いつきではなく、必然性や仕組みを明示する

要件	内容
背景	なぜ必要なのかという背景や参入意義
事業概要	事業が目指すもの。コンセプト、対象
実現イメージ	事業に関連するプレーヤーやモノ・カネ・情報の流れ
効果	効果試算
進め方	スケジュール、体制、予算

18 ストーリー展開の種類

相手と結論の受け入れやすさで考える

メッセージをそのまま相手にぶつけるだけでは、理解してもらえません。どのように話を伝えたら主張や結論に納得してもらえるのか、ストーリー展開を考えましょう。

ピラミッド構造でメッセージを考えたとはいえ、順序よく情報を出さなければ、何を言っているのか理解できませんし、途中で反論や反発の感情が生まれてきます。**相手の状況に応じてストーリー展開を考えます**。以下の4つは、典型的なストーリー展開の種類です。相手のタイプや結論の受け入れやすさによって使い分けられるようになりましょう。

①**積上型展開**——相手が理解していることを1つずつ確認しながら、順序立てて結論や主張を提示します。相手の「Yes」を積み上げていく展開で、こちらの主張に批判的な相手向きです。

②**分解型展開**——結論やクライマックス部分を先に提示し、詳細を並べていく展開です。冒頭で大きなコンセプトを発表し、詳細な機能説明や活用シーンなどを並べていく新製品や大型プロジェクトの発表などに向いている展開です。

③**選択肢（オプション）展開**——複数の選択肢を提示し、比較検討をすることで主張するオプションを正当化して伝えます。できるだけ両極端な選択肢もあえて入れることで妥当性を理解しやすくなります。

④**意外性展開**——主張する内容が非常に当たり前のことだと相手はなかなか興味関心を持ちません。相手に疑問を抱かせ、意外に思うような事実を提示することで、主張に説得力を持たせます。

4つのストーリー展開

1. 積上型展開

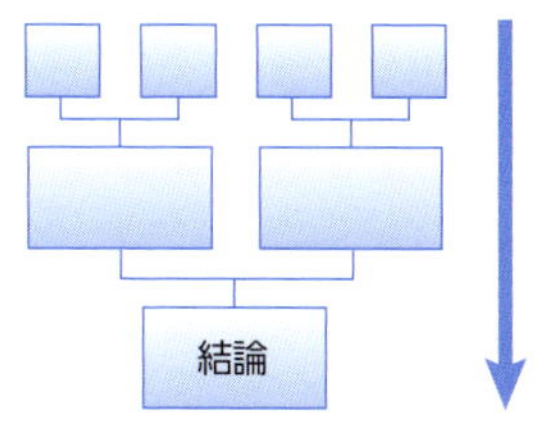

- 先に結論を提示すると反論や粗探しをする相手向き
- 結論が受け入れにくい場合

2. 分解型展開

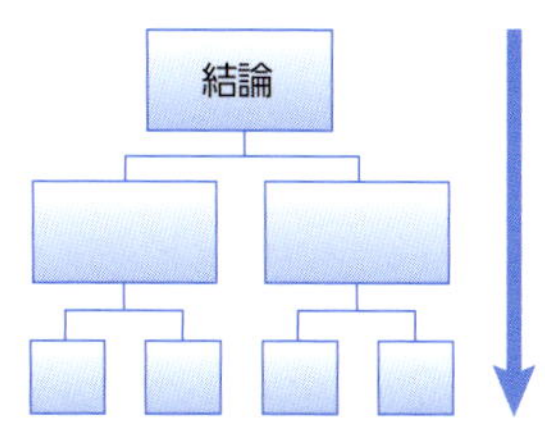

- 先に結論を述べないとイライラする相手向き
- 結論が魅力的な場合

3. 選択肢展開

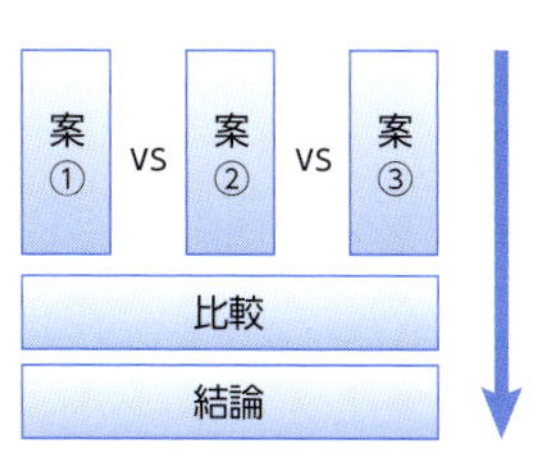

- 意思決定が苦手な相手向き
- 相手が推したい案がある場合

4. 意外性展開

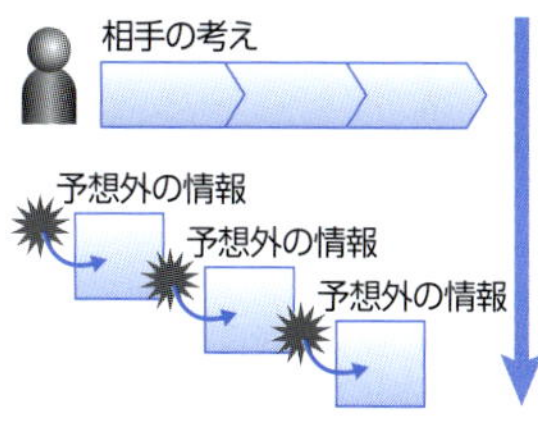

- 興味関心が薄い相手向き
- 自論が弱いが引き込みたい場合

19 ストーリーボード

メッセージとストーリーを見える化した設計図

メッセージとストーリー展開方針に基づき、章立てとスライド構成を形にしたものがストーリーボードです。メッセージをどこで表現するのかを「山場」として設定します。

ストーリーボードでは、**メインメッセージとサブメッセージからなるピラミッド構造の下に、資料の章立てを作っていきます**。資料の章立てはストーリー展開パターンに合わせつつ、導入部（表紙、目次、はじめになど）やまとめの章を必要に応じて入れて、構成と目次を完成させます。

大まかな章立ての下は、その章の見出しレベルでストーリーを表現していきます。パワーポイントであればスライド1枚ずつと考えるとよいでしょう。

そして、メッセージやサブメッセージを表現するスライドを「**山場**」として設定します。「山場」は、**キーチャート**とも言います。せっかくメッセージを考えたのに、「何が言いたいの？」「どこに書いてあるんですか？」と訊かれるのはメッセージとストーリーが連動していないためです。メインメッセージ、サブメッセージレベルはどのスライドで表現するのか、「山場」としてしっかりと決めます。

説明をする時間が十分にとれない場合などは、この山場だけ説明すれば概要が伝わるというくらい念入りに作りましょう。資料全体が過剰品質になってしまうことも防げます。

とりあえずパソコンを開いて作業にとりかかるのではなく、紙面上でしっかりと考えて設計しましょう。面倒なようですが、**一手間かけてストーリーボードを作ることで、逆に作成時間自体は短縮されます**。

ストーリーボード

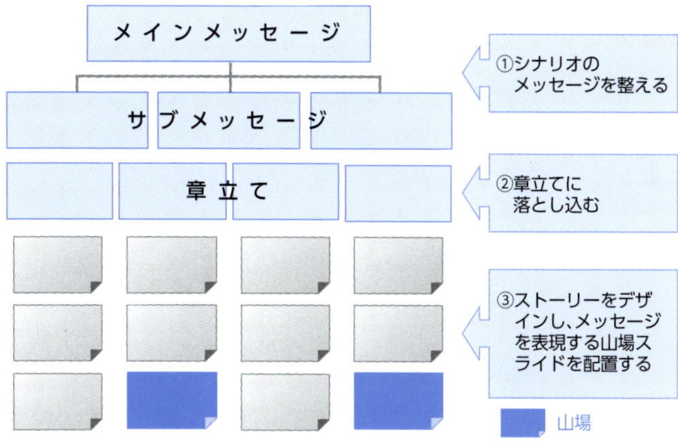

ストーリーボードの記入例

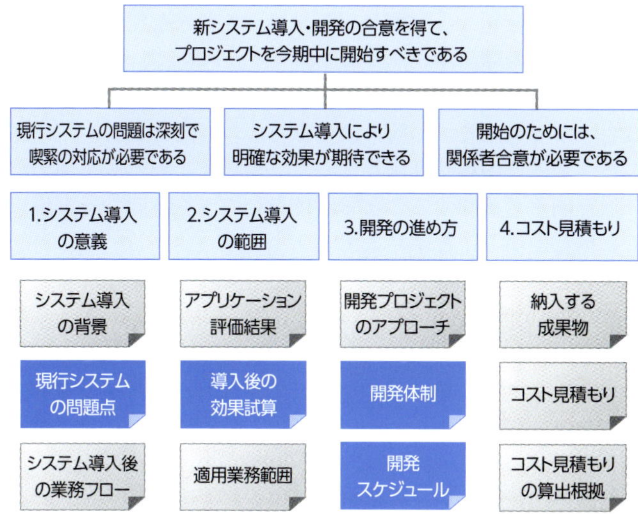

20 目次・見出しを作る

資料の構成を「地図」として伝える

ストーリーが決まったら、相手が頭の中に資料の全体図を描けるように、どんな情報が書かれているのかを目次や見出しとして、判別しやすい地名や住所をつけていきます。

資料を作成した人なら、どこに何が書いてあるかは自明ですが、読む側にはそもそも資料の全体像や個々の情報の関連性はつかみにくいものです。**目次は資料の全体像として相手の頭の中に「地図」を描くつもりで作成しましょう。**内容を的確に表現していて、かつ相手が認識できる見出しやスライドタイトルを決めます。

全体像や大きな流れを見せる場合には、適当に思いついた言葉を羅列するのではなく、「**構造**」が見えるようにします。**大分類・中分類・小分類などレベルをきちんと揃え、見出しの表記も合わせます。**

見出しは、レベル感を揃えたほうが地図上の地名として認識しやすくなります。簡単にするなら名詞だけですが、単純にしすぎると内容が推測しにくくなります。形容詞を加えたり形容詞を名詞化することで、目指していく方向性を表現する見出しにすることができます。

内容について興味を引きたい場合には、「**問い**」の形にします。問い形式にすることで、「答え」を知りたいという相手の心理をつくわけです。あまりやりすぎると、インターネットでアクセス数を稼ぐために必要以上に思わせぶりな表現をする「つり」のようになってしまうので注意が必要です。資料のサブタイトルや特に興味を引きたい箇所の見出しなど、限定的に問い形式の見出しを使うとよいでしょう。

目次の構造化の改善例

見出しレベルがバラバラで、構造が不明

ご説明事項

- インプット情報(課題)
- インプットサマリ
- プロセス評価方法
- プロセス評価結果と方向性
- システム評価(情報定義マップの意義)
- 現状システム構成図
- システム改善案
- 運用成功要因
- 運用To-Beモデル案
- 今後について

グルーピングし、構造を見える化

現状分析報告

以下のように現状分析をおこなった。

A. 課題
B. プロセス評価
　現状情報定義マップ
　改善機会
C. システム評価
　現状システム構成図
　改善機会
D. 運用評価
　運用負荷分析
　改善機会
E. 解決策

グループのレベルを合わせ、道筋を説明

現状分析報告

課題に基づき３つの観点で評価を行い、導き出した解決策を提示する。

A. ３つの課題
B. 評価と改善機会
①プロセス
　現状情報定義マップ
②システム
　現状システム構成図
③運用
　運用負荷分析
C. 解決策

見出しのレベルを合わせる

名詞だけ	形容詞＋名詞	形容詞を名詞化
1. 商品戦略	1. 付加価値の高い商品戦略	1. 高付加価値
2. 価格戦略	2. 競争優位性のある価格戦略	2. 競争優位性
3. 立地戦略	3. 利便性の高い立地戦略	3. 顧客利便性

見出しを「問い」形式にする

普通の見出し	問い形式の見出し
1. プログラム概要	1.自立を促す３つのプログラムとは
2. 市場参入戦略	2.従来の半分の期間で市場参入するには
3. 阻害要因分析	3.利便性を阻む５つの要因とは

21 ページ構成

ページの作り方、見方を決める

資料作成にとりかかる前に、各ページに何をどのように書くのかを定めます。資料全体に統一感を持たせるとともに、ロジックや情報のレベルを揃えます。

ページ構成とは、ページのスタイルや書式をあらかじめ決めておくことです。これによって、視覚的にもイメージしやすくなり、手戻りが減ってトータルの作業量を減じることができます。複数の人で資料を作るような場合は特に必要です。

まず、①ページ内に**メッセージライン**はどう入れるか、テキストボックス、グラフ、図、イラストなどのオブジェクトをどこに配置するかといった主要部分を決めます。次に②共通で使用するフォントやカラーを設定し、その上で③サンプルを記入します。

ページ構成には、ページ上にオブジェクトをどう配置するかという配置の仕方も含みます。**配置のポイントはバランス、視線の流れ、余白の３点**です。**視線の流れは上から下、左から右が自然**ですから、ページ構成もこれに従います。極端に余白が少ないと圧迫感を感じさせてしまいますから、**紙面の30％程度を余白にする**よう配慮するとよいでしょう。こうした視線のセオリーにしたがって、あらかじめページ構成を決定しておく必要があります。

「悪い状態」の例にあるように、バランスが極端に悪い構成になってしまうのは、そもそものメッセージや論理構成や情報整理のレベルが合っていないことが原因です。思いつくままにオブジェクトの形を変えてしまうのではなく、バランスを意識して情報を整理しましょう。

ページ構成のサンプル

ページ構成のポイント

視点

バランス	視線の流れ	余白
対称	上から下、左から右	30%程度

悪い状態

上段・下段のバランスが悪い	流れがばらばら	スライドいっぱいに配置
落ち着かない	理解を妨げる	圧迫感を与える

22 表現方法の選び方

ふさわしい表現方法を論理的に選ぶ

伝えたい情報量の多さと、表現するものが事実なのか概念なのかによって大まかな表現方法を決めた上で、単純か精緻か、イメージ訴求か、詳細な表現の方向性を決めます。

図解にあたり、最初にすることは、メッセージや情報をどの方法で表現するのかという判断です。人が一度に受け取れる情報量の多寡、表現するものが事実情報なのか概念なのか。訴えたい内容によってふさわしい表現方法を決めます。たとえば、伝えたい内容が事業コンセプトのような概念であれば「図」が適切でしょう。単純明快にコンセプトを表現できるのであればあえて短い文字情報だけにしてもよいでしょう。また、メッセージの根拠・裏付けとなる分析結果や傾向などは事実情報なので「表・グラフ」の表現が一般的です。

また、同じものを表現する場合でも、相手によって3つの検討軸で方法を検討します。1つ目は「**単純か、精緻か**」。たとえばITの仕組みを説明する場合、相手がユーザなら単純な図で、エンジニアなら精巧なモデルで表現するのが適切な表現になります。2つ目は「**右脳か、左脳か**」どちらに訴求するか。右脳は喜怒哀楽などの感情や感性、直感などのアナログ型思考に強く、左脳は言語、計算、論理などのデジタル型の思考をすると言われます。相手がどちらの表現をより好むのかを推測します。3つ目は「**個体か、比較か**」。表現するもの自体の特徴や個性を、それ自体を詳細に表現するのか、他のものとの比較で表現するのかです。たとえば自社の強みが圧倒的である場合には自社の個性を述べますし、ポジショニングなどは他社との比較によって表現するということです。

どの表現方法を選択するか？

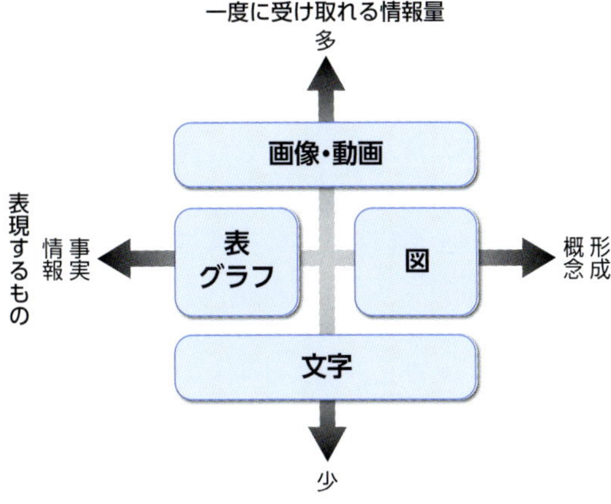

どんなふうに表現するか？

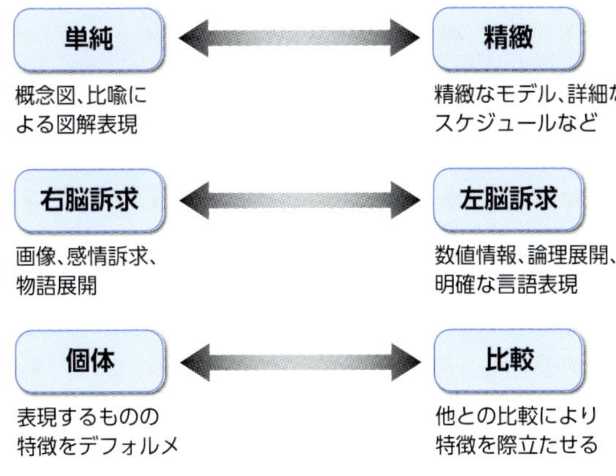

Coffee Break

情報漏洩を防ぐコツ

近年メールやクラウドサービスを利用しての資料配付が企業間でも普通におこなわれるようになりました。便利ではありますが、情報漏洩の観点では、やはり注意が必要です。

パワーポイントなどのスライド作成ソフトは、表には出てこない属性情報を持っています。たとえば、ファイルのプロパティ情報には、資料作成者など最初にその資料を作成した人の情報があります。また、複数の資料からコピー&ペーストして作成すると、スライドマスターも増えていき、見せるべきではない顧客名などが残っていて、顧客から「我々の情報も外部に漏れてしまうのでは？」と懸念され、信頼を失う恐れもあります。このような表には出てこない情報はエクセルやワードにもあります。印刷時にページの上部や下部に印字されるヘッダーやフッターなどです。社外に渡すファイルでは、ファイルのプロパティ（属性情報）、スライドマスター、ヘッダー・フッターの設定はチェックしましょう。

また、自社や自分の資料の流用を防ぐことも考える必要があります。パワーポイントにしてもエクセル、ワードにしても、そのまま渡した場合、編集されたり、一部をコピー&ペーストして使われる可能性もあるからです。とはいえ、「ファイルは渡せません」というわけにもいきませんから、そのような場合には、必要に応じて複数の保存形式を使い分けましょう。まずはまったく編集できないPDF形式、最終版として保存して読み取り専用にする、パスワードを設定して特定の人だけが開けるようにする、エクセルなどは編集してほしくないセルに保護をかけて、入力してほしいセルだけ保護を外すなど、きめ細かい設定が情報漏洩を防ぎます。

第Ⅲ章

文字・文章作成のテクニック

23 フォントを選ぶ

読みやすいフォント、見やすいフォント

フォントは、長文を読ませるフォント、プロジェクター投影した時に遠くからでも見やすいフォントなど、資料の特性と目的に応じて適しているものを選びます。

まず、フォントの種類と使い分けの基本を理解しましょう。和文フォントは「**明朝体**」と「**ゴシック体**」に大別されます。明朝体は縦横の線の太さが異なり、横線の右端や角の右肩に三角形の山（ウロコ）があります。一方、ゴシック体は縦横の太さがほぼ同じで、ウロコがほとんどありません。欧文フォントも、日本語と同様、小さな飾りの有無で「**セリフ体**」と「**サンセリフ体**」の２つに分けることができます。**プロジェクターで投影するプレゼン資料には視認性の高い「ゴシック体、サンセリフ体」、詳細な報告書など長文を読ませる資料には「明朝体、セリフ体」**と覚えておきましょう。

また、MSPなどフォント名に「P」という文字がついているものは「プロポーショナルフォント」という、文字によって幅が異なるフォントです。Pがついていないものを「等幅フォント」といいますが、メールなどで文字間隔を揃えたいもの以外には不向きです。

フォントにはトレンドもあるため、注意が必要です。たとえばCenturyという欧文フォントはMS-Wordのデフォルトのため気がつかずに使っていることがありますが、やや古臭さや野暮ったさを感じさせることもあります。近年ではメイリオが広く使われているフォントです。また、トレンドであるといっても、**柔らかすぎる印象を与えるフォントはビジネス文書には適しません。**

フォントの種類

明朝体
MS明朝　字
ヒラギノ明朝　字
ウロコあり

ゴシック体
MSゴシック　字
ヒラギノ角ゴ　字
ウロコなし

セリフ体
Times　T
Garamond　G

サンセリフ体
Arial　A
Corbel　C

フォントを選ぶポイント

資料のタイプ	適切なフォント例
投影用プレゼンテーションスライド	ゴシック体 メイリオ、Verdenaなどサンセリフ体
印字して読む前提の長文資料	明朝体、 Times New Romanなどセリフ体

複数のフォントをひとつのページ中に混在させせない

現状報告

1.Summary

当報告書では昨年度の顧客満足度調査結果をもとに……

2.Target

首都圏の売上上位100社に対し対面で実施

ビジネス文書にふさわしくないものを選ばない

現状報告

1.Summary

当報告書では昨年度の顧客満足度調査結果をもとに……

2.Target

首都圏の売上上位100社に対し対面で実施

24 文字サイズを規定する

タイトル、本文、注釈・出典で統一する

フォントを選んだ後は文字サイズを規定します。あらかじめ決めておくことで、情報量に合わせて文字サイズがマチマチになることを避け、文書の統一感を保ちます。

自由に文字サイズを変更できるツールを使っていると、情報量に合わせて収まるようについ文字サイズを変えてしまいがちです。また、複数人で資料作成をする場合にも人によって思い思いの大きさで作成してしまい、最後に合体したときにバラバラということもありえます。そうならないように、フォントの種類に加え、文字サイズや強調の仕方（→P62）を決めておきます。**①タイトル、②本文、③注釈・出典の3箇所の文字サイズを統一しましょう。**

①はパワーポイントの場合には、スライド名です。20～24ポイントの範囲がよいでしょう。②は配布資料であれば、12ポイント以上、投影するのであれば16ポイント以上と最小ポイントをいくつにするかを意識してください。特に投影用は一度プロジェクターに投影して、何ポイント以上の大きさが必要かを自分で体感してください。伝えたいことが入りきらないからとポイント数を小さくしても見えなかったら意味がありません。③はグラフ数値などの補足情報やデータの出典などですので目立たせる必要はないため、8～10ポイントでよいでしょう。

さらに細かく指定するのであれば、たとえば「%」や「円」などの単位は数値よりも目立たなくてよいため、②で設定したポイントよりもさらに小さくすることで、必要な情報が目に入りやすくなり、可読性を高めることができます。

文字サイズの決め方（基本）

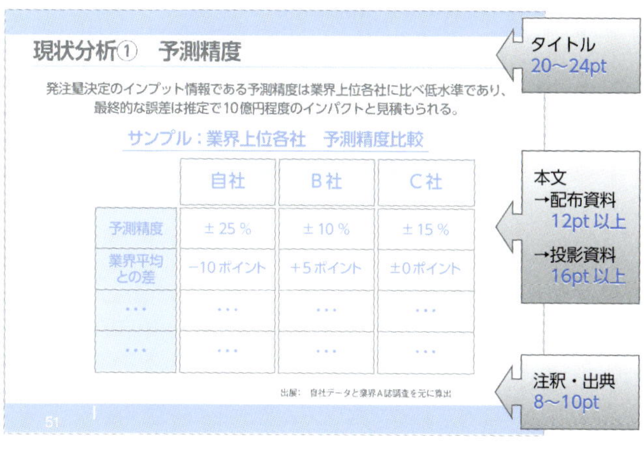

文字サイズの決め方（応用）

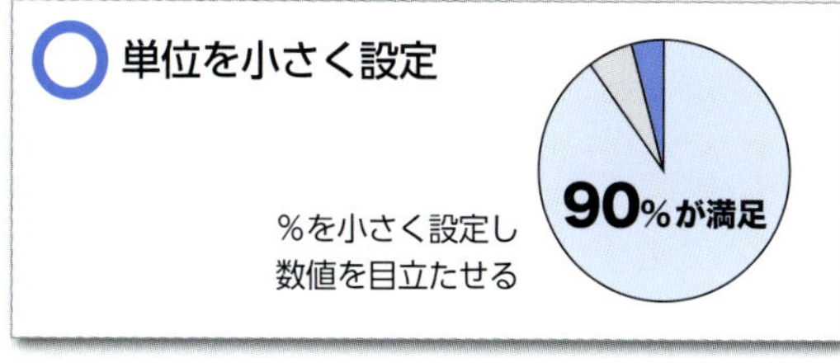

月日を小さく設定

すべて同じ設定　5月25日（金）募集開始

「月日」を小さく　**5**月**25**日（**金**）募集開始

25 文字の強調ルールを決める

本当に強調したい箇所に絞る

文字サイズを決めた後は、強調の仕方にもルールを決めます。文字装飾は豊富な機能があるため、闇雲に使うと狙った効果が出せません。ここぞという箇所に絞りましょう。

文字の装飾には、太字、下線、斜体、色付け、陰影など通常の文字に施すものから、反射、光彩、変形、回転、3Dといったワードアートなどグラフィック要素が強いものまで豊富にあります。これらをあまり考えずにビジネス文書に適用するのは、強調というよりも、むしろ悪目立ちになることがあるため注意が必要です。

基本的には**「太字」と「下線」のみで強調する**と考えてください。色付けは白黒印刷したら意味をなしませんし、陰影やエンボスはプリンターの性能が低い場合にはつぶれてしまい、読みにくくなります。その他の反射、回転、3Dなどはかえって内容の理解の妨げになるため、あえて使う必要はないでしょう。

太字はタイトルや本文の中での見出しに使います。下線は本文の中の見出し、たとえばグラフや図の見出しに対してつけることで、タイトルであることを認識させます。

英文の資料では、引用箇所や出典・注釈を斜体にしているものも多くありますが、和文フォントは基本的に斜体専用のフォントがなく、読みやすさに欠けるため、あえて斜体にしなくてもよいでしょう。

装飾機能が多いとつい使いたくなりますが、あれこれと迷い時間の浪費にもなりかねません。**見やすさにつながらない装飾は思い切ってしないと決める**ことをおすすめします。

文字装飾の例

基本は、太字と下線だけに限定し、多用しないことが強調効果をもっとも生み出す。

通常	文字の強調ルールを決める 123 ABC
太字	**文字の強調ルールを決める 123 ABC**
下線	<u>文字の強調ルールを決める 123 ABC</u>
斜体	*文字の強調ルールを決める 123 ABC*
陰影	文字の強調ルールを決める 123 ABC
反射	文字の強調ルールを決める 123 ABC
光彩	文字の強調ルールを決める 123 ABC
変形	文字の強調ルールを決める 123 ABC

文字装飾のルール

「タイトルは太字、本文中の見出しは太字＋下線」というシンプルルールに統一する。

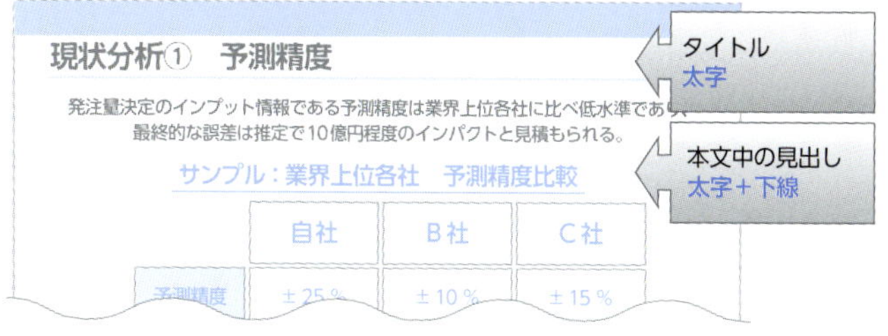

26 文字の減らし方

情報量を適切にするためのテクニック

文字を減らすことは余計なものを削り、本質を浮き彫りにするためにも欠かせない作業です。あらかじめ文字数を制限するとともに、増えたときは因数分解します。

まずは、目につく重複語や修飾語、冗長な語尾を削除します。文章であれば箇条書きに、箇条書きはさらにキーワードにするなど、読解できるところまで減らします。数値であれば、表やグラフに加工しましょう。

さらに文字量を減らすテクニックとして覚えておきたいのが「**因数分解**」です。因数分解とは、数学の「ab+ac+ad = a(b+c+d)」の要領と同じで、文書の中で繰り返し出てくる言葉を外に出して、見出しとして括ることです。文章は、主語や述語、目的語などが繰り返されるため、すべてを文章で表現しようとすると重複が多くなります。表や図など適切な表現形式にすることで文字の量を減らせないか検討します。

また、文字が増えないための予防策として、あらかじめ文字量を規定してしまうとよいでしょう。文字サイズや書くスペースを規定することがそれに当たります。一見すると伝えるべき内容に合わせて自由に文字量を規定すべきではないかと、本末転倒のように思われるかもしれませんが、要は限られたスペースの中でいかに本質を収めるかの創意と努力を意識的にしようというものです。有名なところではYahoo!ニュースのトピックスやテレビの速報などは13文字ですが、伝えるべきことをむしろ明確に伝えています。情報量に制限をかける訓練を続けて、言葉選びを磨いていきましょう。

因数分解　改善前

各行で、それぞれ繰り返し出てくる言葉を探します。1行目は「レベル」、2行目は「サービス」、3行目は「視点」が何度か繰り返されています。これが「共通項」です。

レベル1	レベル2	レベル3	レベル4
サービスとしてはブランドやデザインに統一感がなく、顧客を混乱させている	サービスとしてはブランドは統一されているが、一方通行型コンテンツが大半を占める	利用者のプロセスにのっとったキラーサービスが存在し、新しい企画が数多く浮上する	サービスは顧客の従来の処理プロセスを変化させ、そこに組み込まれている状態になる
顧客の視点ではなく、自社の視点で組織単位でサービスを構成し運営している	各組織単位ではなく利用者視点でサービス構成ができている	利便性の高いサービス・機能が増え、成長のための視点が存在している	ユーザニーズに基づいたサービス・機能群が続々と付加されデファクトとして存在する

因数分解　改善後

各行の共通項を括り出して見出しにします。
中身は情報量に応じて、文章のまま、もしくはキーワードにします。

レベル	1	2	3	4
サービス	組織単位で 統一感なし	統一プラットフォーム 統一ブランド	キラーサービス が存在	利用者プロセス に組み込み
視点	自社視点	ユーザ視点	成長視点	デファクト視点

27 文章の読みやすさ①

言葉を厳選して読みやすくする

資料を作る際には、徹底して言葉にこだわりましょう。こだわるポイントは２つです。「不要な言葉」を削除すること、「曖昧な言葉」を明確な言葉に置き換えることです。

ノイズとなっている冗長な表現や、理解しにくい曖昧な言葉をなくすことで可読性を高められます。

まず、**不要な言葉の候補として、①重複言葉、②カタカナ言葉、③ムダな言葉があります**。①は気がつかずにやっていることもあるので、作成後に最終チェックの段階でも見つかります。②のカタカナはどうしても日本語にしにくい、もしくはカタカナで定着している語以外は、日本語表記の方が字数も減り、可読性が高まるので、日本語表記に統一しましょう。③のムダな言葉はなくても意味が通じるものです。多くは話し言葉の影響を受けている冗長な表現です。①～③以外では、業界・社内用語も資料を活用するシーンに合わせて、ふさわしくなければ別の言葉にしましょう。

次に、**曖昧な言葉を減らします**。①形容詞や副詞を明確な数値や状態で表現します。次に②「～的」「～化」など人によって捉え方が異なるような抽象的な名詞を使わないようにしましょう。

ちなみに、「～的」は、明治時代に翻訳をする際に、英語の「Systematic」をどう訳してよいのか分からず、「tic」と音が似ている「的」という言葉をそのまま当てて、「組織的」と訳したのが始まりだと言われています。「インターネット的」「第三世代的」などと多用されますが、資料など文章表現としては、安易に用いるべきではないでしょう。

不要な言葉を削除する

①重複言葉の削除

- まず最初に → 最初に
- 約5分程 → 約5分
- 処理を行う → 処理する
- 統合を進める → 統合する

②カタカナ言葉の削除

- サーチする → 検索する
- トレーニング → 研修
- ローンチ → 展開

③ムダな言葉

削除できる

◆「という」「ということ」「というもの」

- 顧客から「この不具合はどうなっているのか」~~ということ~~を質問された
- 納期の厳守~~ということ~~が大前提である

◆「というかたち」「という部分」

- 稼働停止というかたちをとる → 稼働を停止する
- 性能という部分には問題がない → 性能には問題がない

◆「いく」「くる」

動詞に「いく」や「くる」をつけがちだが、動作が継続する場合を除いては用いない。

- 現在、調査していこうとしている → 現在、調査しようとしている
- どう機能していくかを検証する → どう機能するかを検証する
- 作業ミスが続出してきている → 作業ミスが続出している

◆「〜しようと思う」「〜させていただく」

- 分析しようと思う → 分析する
- 説明させていただく → 説明する

曖昧な言葉を修正する

①形容詞・副詞

明確な数字で表現

- 至急回答願います → 25日12:00までに回答お願いします
- 大幅な性能改善があった → 速度に3倍の改善があった

②抽象的な名詞　〜的、〜化、〜度

- 理解度を高める → 理解を深める
- マニュアルの高品質化を図る → マニュアルの更新頻度を向上する

28 文章の読みやすさ②

主語と述語を明確に見せる

文章として、主語・述語関係が成立しているか、修飾語・修飾節が分かりやすくかかっているかなどで単体の文としての読みやすさが決まります。

文の大前提として覚えておきたいのは、「誰がどうする」「何が何だ」という文の骨組みをできるだけ単純に示すことです。日本語は主語を省略しても文として成立するため、この骨組みが見えにくい文が散見されます。骨組みが見えにくくなっているパターンは3つあります。①主語が省略されている、②主述が一致していない、③能動・受動が不明確という3パターンです。

①主語が省略されている

文がいくつか連なり、2つ以上の述語が出てきた時に、主語が省略されると、「誰がどうする」「何が何だ」という基本的な骨組みが見えなくなりがちです。

②主述が一致していない

文を書いている途中で、気がつかないまま述語が変わってしまうというパターンです。

③能動・受動が不明確

動詞を名詞として用いると、能動なのか受動なのかが見えにくくなります。「管理部門の調査は、厳しくおこなわれた」という文は、管理部門が調査をしたのか、されたのかが曖昧です。

あまり考えずにつなげて重文・複文にすると主語が不明確になったり、主述の不一致が起こりやすくなります。主語を明確にすることをまず意識しましょう。

主語の省略

例　文　山田主任の上司に確認したところ、懸念を示していたとのことです。

改善例
- 私が山田主任の上司に確認したところ、山田主任は懸念を示していたとのことです。
- 山田主任が上司に確認したところ、上司は懸念を示していたとのことです。

主語を明確化

主述の不一致

例　文　本システムの開発目的は調達業務の生産性を上げるため、昨年に最優先プロジェクトとして開発を始め、現在は3カ月の遅延を生じている。

「誰がどうする」「何が何だ」という基本構造を特定

【誰が／何が】		【どうする／何だ】
開発目的は	→	生産性を上げることだ
当社は	→	開発を始めた
プロジェクトは	→	遅延している

改善例　本システムの開発目的は調達業務の生産性向上であり、当社は昨年最優先プロジェクトとして開発を始めたが、現在プロジェクトは3カ月の遅延を生じている。

能動と受動

例　文　管理部門の調査は、厳しくおこなわれた。

改善例　〈能動の場合〉管理部門による調査は、厳しくおこなわれた。
〈受動の場合〉管理部門に対する調査は、厳しくおこなわれた。

主体か否かがクリアに

Coffee Break

長時間労働を防ぐコツ

資料作成というと、時間をかけてじっくりと、ときには徹夜も覚悟して……など長時間労働のイメージがつきまといます。いつもそれでは、気力・体力も保ちませんね。資料作成を短時間にすることは、決して手抜きではありません。いくつかのコツをご紹介しましょう。

まずは、QCDについて相手の期待値を確認しましょう。Qはクオリティ（品質）、Cはコスト（人手や費用）、Dはデリバリー（提出納期）です。この３つはトレードオフの関係にあります。たとえば、どうしても明日までに緊急でほしいと言われた場合、調査範囲を絞るなどして品質を軽くするか、コスト、たとえば手伝う人を増やしてでもやるかどうかなどを交渉するわけです。また自分の組織内での資料であれば時間のかかるグラフや図解は避けるなど、過剰品質にならないよう意識しましょう。

２つ目は「集める」「考える」「作る」という作業を分けておこなうことです。パソコンで資料を作りながらインターネットなどで情報収集を始めると、予想外の無駄な時間が発生します。まず、資料作成に必要な情報は一時に集中して集め、紙ベースで構成まで決めてしまいましょう。パワーポイントに向かいながらどう作るかを考えるのでは、色やビジュアル効果など本質的でないことに意識が向かいがちです。

最後に、自分以外の人が作成した資料をできるだけ多く見て、できればストックしておくとよいでしょう。見たことのないものは、なかなか思いつくことができません。また、たくさん見ることによって、より分かりやすい資料とはどのようなものなのかが理解できるようになります。

第Ⅳ章

表作成のテクニック

29 表の種類と特徴を知る

3つのタイプを使いこなす

表はビジネス資料でよく使います。見やすい表を作るために、数値データを表すデータ表、情報を一覧する一覧表、いくつかの比較軸の関連を表す関連表の３種類を覚えましょう。

エクセルで何気なく作ってしまいがちな表も、表現したいものに応じていくつかのタイプがあります。

まず収支報告や売上報告など出番が多いのが、数値データを示す**データ表（テーブル）**です。この表は数値の見やすさが肝心ですので、罫線の引き方や桁揃えなど基本的なルールを守ることで見やすさを心がけます。

２つ目の**一覧表（リスト）**は、名簿や商品リストなど、属性を列にして、１行１行データを並べる表です。数行のものから膨大なものまでありますが、パワーポイントやワードで作成する資料では、数十行を超えるような一覧表は別添えにするかメッセージに応じて加工したほうがよいでしょう。

３つ目は縦横に比較項目を配置して、セルに関連の有無や深さを示す**関連表（マトリクス）**です。ビジネス上の意思決定を目的として作成することが多く、項目の選び方にも工夫が必要です。関連表の種類としては、2つの項目を二元表の形で作成したL型マトリクス、3つの比較項目を扱うT型マトリクスなどがあります。**関連性を表すセルの表記には、○×△などの記号や、関連性を示す数値、セルの色づけ**などがあります。

いずれの表の場合も、項目の設計が論理的であるかどうか、階層構造が見えるかどうかで、理解のしやすさが決まります。

データ表（テーブル）

	1月	2月	3月
収入合計			
売上			
会費			
支出合計			
家賃			
光熱費			
材料費			
収支			

数値の
見やすさが
キモ

一覧表（リスト）

商品	型番	名称	サイズ	上代
A				
B				
C				
D				

関連表（マトリクス）

L型
マトリクス

	分析	構想	実行
A	○	○	－
B	△	×	×
C	×	△	○

関連度合いを
セルで表現

項目設定は
ロジカル
シンキングで

T型
マトリクス

実現性		オプ	実効性	
時間	コスト	ション	範囲	大きさ
		A		
		B		
		C		
		D		

30 表の項目を設計する

ロジックツリーで体系的に設定

表の項目を考える際に、あまり考えずに作成してしまうと伝えたいメッセージが見えない表になってしまいます。ロジックツリーを使ってメッセージが見える設計にします。

項目が少なければいきなり作ってもそう分かりにくくなることはありませんが、項目数が多い場合は、ロジカルシンキングで、比較したいこと、比較項目を体系的に考えた上で、項目を切り出すところからスタートする必要があります。

表の項目をどう切り出すかは、とても重要です。切り出し方が粗すぎると、項目内に長い文が入ってきたり、複数の情報が混在したりして、読み込む必要がある表になってしまいます。**表は、一目で分かるよう情報を整理するもの**ですから、**情報の因数分解**で項目を設定する必要があります。ただし細かくしすぎても、項目のレベルや順序がバラバラでは、メッセージは理解しづらくなります。**表によって伝えたいメッセージにもっとも適した項目の切り出し方があり、それをロジックツリーを使うことで整理する**わけです。

やり方としては、まず表で伝えたいメッセージを決めます。たとえば「もっとも適した選択肢としてオプションAを推奨する」というものです。次に、その根拠を大項目として切り出し、分岐させていきます。最終的に項目に複数要素が含まれないレベルまで因数分解できれば、もっとも細かい項目が決まります。ただし、最小レベルの項目をそのまま並べるとロジックが見えなくなってしまうので、その上のレベルを大項目、中項目として設定します。

表の項目の切り出し方

ロジックツリーで表の項目を整理する。

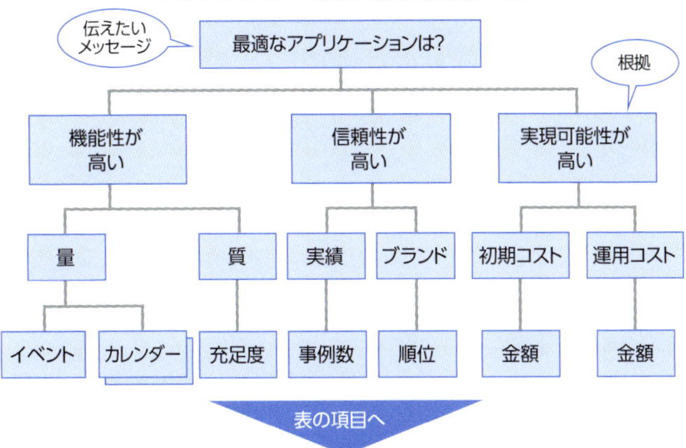

大分類、中分類でロジックツリーの構造が見えるように項目を設定する。

	機能性						信頼性		実現可能性		総合評価
	量					質					
	イベント	カレンダー	…	…	…	充足度	導入事例数	順位	初期コスト	運用コスト	
A						8pts	50件	1	A	A	○
B						6pts	45件	5	B	C	○
C						9pts	55件	2	A	B	◎
D						3pts	31件	10	C	C	△
E						1pts	20件	22	C	C	×

31 セルの記述方法を決める

文字や数字以外の表記で見やすく

表のセルでは、数値や文字以外にもさまざまな表現の仕方ができます。一覧性を高めるには、色や記号など読まずに分かる表現方法が有効です。

表の項目設計が決まったら、次はセル内の記述方法です。表の記載というと文字や数値が思い浮かびますが、**意思決定を目的とした表の場合には、一目見てどれが優れているのか優劣や特徴が分かる**、さらに見やすい表現が求められます。３種類の表ごとに記述方法の代表的なものを説明します。

まず、数値を扱うデータ表であれば、数値の大きさに基づき、色をつけます。たとえば**マイナス値を赤字にする**などです。セルに色をつけてもよいでしょう。また、もっとも強調したい数値だけ**ピクトグラム**やグラフ化する方法もあります。

次に一覧表は、文字情報が多くなりがちですので、文字情報を減らす工夫をします。たとえば、ある属性項目を３段階に設定して、色づけや記号で表すのです。

関連表は関連の有無や関連度合いをセルで表記しますので、記号や色分けなどがよいでしょう。よく使われる**「○、△、×」は日本以外では使われない**のでグローバルでビジネスをする際には注意が必要です。特に「×」はチェックマークを意味し、「該当あり」と反対の意味になります。グローバルでは、該当状況を円の塗り潰し面積で表す記号もよく使われます。その他の記号としては「晴れ、曇り、雨」などの**天候マーク**、色であれば「赤、青、黄」など**信号の色**なども、目標達成を表現する表では活用しやすいでしょう。強調したいメッセージに合わせて記述方法を検討しましょう。

セルの記述方法

文字色	セル色	ピクトグラム
5,000		
6,300		
1,200		
-500		
1,900		
-2,000		
4,500		

数値を絵の数で表現する

関連表で使う記号あれこれ

○×マーク	天気マーク	顔マーク	該当状況記号	チェックマーク
○			●	✓
×				☒
△				
○				

日本以外では使わない

32 罫線の引き方

目立たないほどよい

表というと罫線を引くことを思い浮かべるかもしれませんが、セルの中身より目立ってしまうようでは逆効果です。不要な罫線はできるだけなくしたり、目立たなくします。

表に罫線は欠かせないものですが、主役は罫線ではなく、セルに書かれる数値や文字です。**罫線はあくまでも数値や文字を見やすく区分けするための脇役**なので、目立つような引き方は避けるべきです。基本的には、**外枠は実線、中の線は細かく細い点線**に設定します。それでも目立つ場合には、線の色をグレーにするとよいでしょう。

さらに目立たせないためには、罫線自体をなくしてしまいます。罫線をなくす場合には、2つのことに注意します。列の間隔を空けることと、文字や数字の位置を揃えることです。**文字ならば左揃え、数字なら右揃え**にします。文字の場合で複数行にわたる場合には行頭を揃えることで罫線がなくても整って見えます。間隔を空けて揃えることで、空間と位置によって見えない罫線を引くのです。やや離れて見たときに文字や数字が整って見えれば、見えない罫線が機能しています。

1行おきにセルに色をつけることもありますが、表が小さければあまり必要がありません。表が横に長く、行数が多い場合を除いては、1行おきの色づけも不要です。

セルの色づけに関連して、見出し行や列に色づけする際に彩度の高い蛍光色のような色を使うと見出しばかりが目立ってしまい逆効果です。表はあくまでもセルの情報を整理して見せるものなので、罫線や見出し行に目が行かないようにしましょう。

罫線が太いとデータが目立たない

	D1	D2	D3	D4
A	0.0	0.0	0.0	0.0
B	0.0	0.0	0.0	0.0
C	0.0	0.0	0.0	0.0
D	0.0	0.0	0.0	0.0

間隔を空ければ、縦の罫線は不要

	D1	D2	D3	D4
A	0.0	0.0	0.0	0.0
B	0.0	0.0	0.0	0.0
C	0.0	0.0	0.0	0.0
D	0.0	0.0	0.0	0.0

簡単な表なら、罫線はほぼなくてOK

	D1	D2	D3	D4
A	0.0	0.0	0.0	0.0
B	0.0	0.0	0.0	0.0
C	0.0	0.0	0.0	0.0
D	0.0	0.0	0.0	0.0

33 表の体裁を整える

ルールを押さえて見やすく

データ表は数値情報が多く並ぶため、装飾すると非常に煩雑に見えます。できるだけ、ノイズを減らしつつもいくつかのルールを決めることですっきりと見やすい表になります。

データ表は基本的なルールを守って、見やすい表にします。

①タイトルを最初に目に入る位置に記載する

左上、もしくは上部中央につけます。他の文字より大きくし、表の中身を見る前に目に入るようにします。

②単位を明記する

金額であれば日本円なら千円単位、米ドルならK$（＝1000ドル）などが最小単位です。桁数が多くなると判読しにくくなるため、適宜単位を大きくします。行ごとに単位が異なる場合には、項目名の横にそれぞれ表記し誤読を防ぎます。

③罫線を極力減らす

極力罫線を少なくする、必要な場合でも細いグレーの線にするなど、セル内の数値や文字が明確に見えるようにします。

④文字列を揃える

数値は右寄せ、文字は左寄せにし、間隔を空けることで、縦の罫線を減らします。

⑤項目の構造が見えるようにする

インデント（字下げ）にしたり、1行空けて関連のある項目をまとめるなど、単なる羅列に見えないよう、項目の構造を視覚的に表現します。

⑥数値の意味を色で表現する

マイナスの数値を赤字、計算によって変わる数値を黒字、変動させる数値を青字にします。

表作成で守るべき最低限のルール

①タイトルは左上に置く

②単位を明記する

A事業収支報告　(2015年1〜3月)

(単位：千円)

	1月	2月	3月	1Q実績	1Q予算	予算比
収入	**389,200**	**240,000**	**613,400**	**1,242,600**	**1,349,000**	**92%**
イベント	350,000	200,000	569,000	1,119,000	1,200,000	93%
年会費	34,000	34,600	35,600	104,200	130,000	80%
コンテンツ	4,000	3,400	5,400	12,800	12,000	107%
グッズ	1,200	2,000	3,400	6,600	7,000	94%
支出	**367,300**	**346,900**	**441,750**	**1,155,950**	**1,137,900**	**102%**
会場費	120,000	90,300	140,000	350,300	300,000	117%
プレゼン資料	5,000	6,000	45,000	56,000	60,000	93%
グッズ製作	90,000	85,000	120,000	295,000	250,000	118%
コンテンツ製作	100,000	98,000	90,000	288,000	320,000	90%
交通費	50,000	65,000	45,000	160,000	200,000	80%
通信費	300	300	300	900	900	100%
講演料	800	1,000	950	2,750	3,000	92%
その他	1,200	1,300	500	3,000	4,000	75%
収支	**21,900**	-106,900	**171,650**	**86,650**	**211,100**	**41%**

⑤構造が見えるように
字下げ・太字化する

⑥マイナスの数値は
赤字にする

③縦罫線をカット
④数値は右揃え、
文字は左揃えに

Coffee Break

パワポ死を防ぐコツ

凝りに凝った情報量の多いスライドを作ったために相手が理解できず、次第に興味を失って寝てしまうという“パワポ死”という言葉を聞いたことがありますか？　外資系企業の数社が「会議でのパワーポイント禁止令」を出したように、パワーポイントありきの資料作成やプレゼンテーションは考えものです。プレゼンテーション用の資料を作る時には、相手に「変化」を起こすことを意識しましょう。

まず「メッセージありきで考え始めない」こと。あくまでも相手の気持ちに変化を起こすことを先に考えます。メッセージはプレゼンテーションの根幹をなす、伝えるべきことです。しかしメッセージから考え始めてしまうと、自分本位になってしまい、相手に変化が起こせないのです。相手が「まったく興味なし」の場合と「興味あり」の場合と「そういうのは嫌い」という場合では、メッセージが同じだとしても変化の起こし方が違います。メッセージを考えることはとても重要なのですが、伝える時には変化に意識を向けます。

次に「相手の熱意をあてにしない」ということ。話を聞いている時に集中力が持続するのは5分程度と言われています。つまり、3～5分に1回変化を起こさないと集中力が途切れ、パワポ死の状態に陥ってしまうのです。相手が熱意を持って辛抱強く話を聞いてくれると思っていると、肝心のところで集中力が切れてしまっているかもしれません。特に経営層の集中力はとても短いと言われています。多忙を極める経営層はそれだけ考えることも多く、もたもたしていては他のことを考え始めてしまうわけです。テンポよく、3分おきごとに相手の興味を引くようなスライドを入れていきましょう。

第V章

グラフ作成のテクニック

34 基本の4つのグラフタイプ

特性を踏まえて使いこなす

グラフには多くの種類がありますが、すべてを覚える前に基本グラフをどのように使うかを理解しましょう。まずは「量」「推移」「順位」「内訳」を表すグラフを習得します。

まずは、基本のグラフタイプを覚え、それぞれの特徴を理解した上で、複合的なグラフにチャレンジしましょう。難しいグラフタイプをいくつも覚える必要はありませんが、「いつも棒グラフしか使わない」ということでは、数値が持つインパクトを正しく表現することはできません。

基本となるグラフタイプは4つあります。**連続した量を比較する縦棒グラフ、変化の傾向を表す線グラフ、ランキングを表す横棒グラフ、内訳を表す円グラフ**です。

・縦棒グラフ

売上データを時系列で見せるなどが一般的な使い方です。横軸は年月や期など連続する時間軸、縦軸は量を表す軸です。

・線グラフ

縦軸は変化を表す数値で、横軸は時系列です。棒グラフとの大きな違いは、変化の度合いを見せるためのものなので、縦軸の基点は必ずしもゼロにする必要がない点です。

・横棒グラフ

横棒グラフは、縦棒グラフを横にしただけのものではなく、同じ属性のものを順位づけして見せるものです。ランキングですので、縦軸の要素の並び順が変動します。

・円グラフ

円グラフはデータの内訳を示します。面積や角度は比較が難しいため、複雑なデータ比較には向いていません。

縦棒グラフ

連続した特定の量を表す

- 縦軸は量を表す数値
- 横軸は時間や変化する要素
- 基点はゼロ

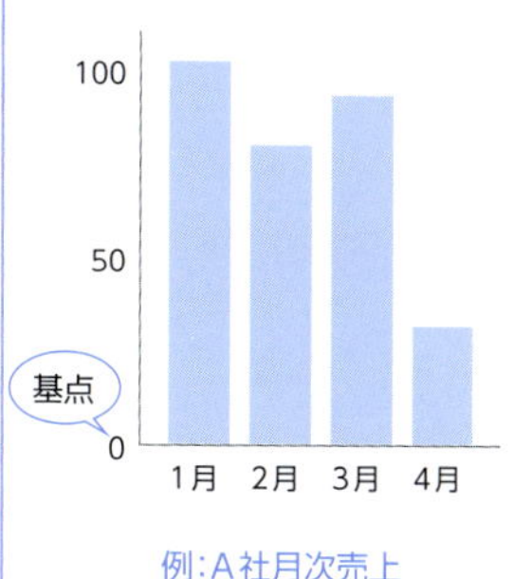

例:A社月次売上

線グラフ

物事の変化の傾向を表す

- 縦軸は変化を表す数値
- 横軸は時系列
- 基点は必ずしもゼロではない

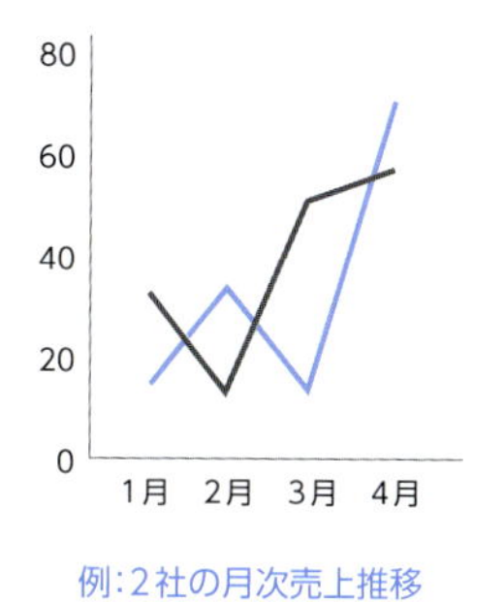

例:2社の月次売上推移

横棒グラフ

同じ属性項目の順位づけや比較を表す

- 縦軸は比較項目
- 横軸は順位や比較を表す数値
- 基点は必ずしもゼロではない

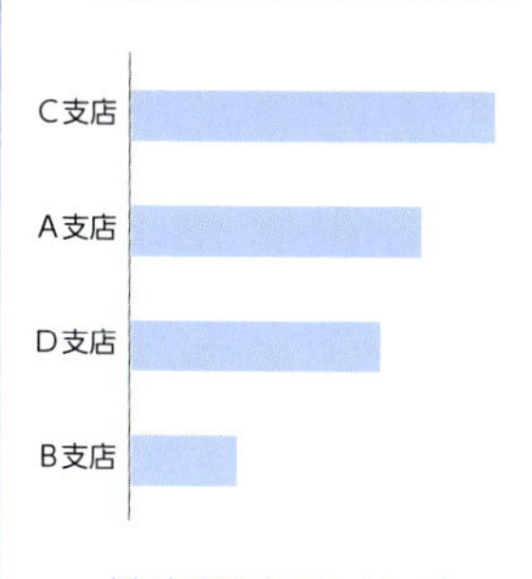

例:支店売上ランキング

円グラフ

内訳を表す

- 内訳の割合を面積で表す
- 推移比較には向かない

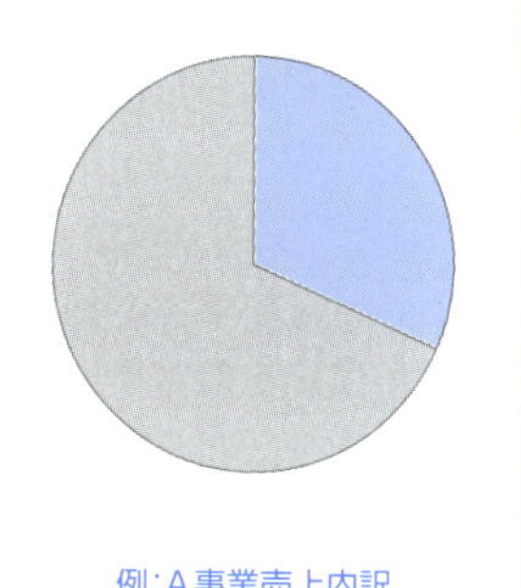

例:A事業売上内訳

35 縦棒グラフ　基本編

連続した量を棒の面積で表す

縦棒グラフは単純ですが、①基点をゼロから始める、②3D表現を使わない、③同じ要素を表す時は同じ表現の棒にする、などの基本的なルールがあります。

棒グラフは棒の面積で量の比較をするものなので、棒の基点はゼロから始めるのがルールです。恣意的に基点をゼロ以外から始めると棒の面積が正しく把握されず、データの印象操作につながります。

同様に面積を正しく把握するために、意味のない3Ｄ表現は適していません。面積だけに着目すべきところに、体積の情報を含む3Ｄ表現はノイズになり、後方のデータも見づらくなってしまいます。3Ｄ表現は、棒グラフに限らず、円グラフの場合でも歪みが生じやすく、あまり活用しないことをお勧めします。近年刊行された資料作成やプレゼンテーション関連のほとんどの書籍で「3Ｄ表現はやめるべき」と言われて定着しつつあります。3Ｄ表現を使うと、レベルが低いと思われるというリスクもあるので、注意してください。

また、棒グラフの棒は基本的には連続した同じ要素を表しています。棒ごとに色を変えたり、異なる模様をつけないようにしましょう。ただし、データの意味が違うのであれば変える必要があります。例のように4月データが見込値である場合、3月までの実績値と同じ色づけにしてしまうと、この数値も実績値だと誤認される恐れがあります。4月のデータだけ色を変え、実線ではなく点線にすることで、予測値であることが分かりやすく表現できます。変更したいデータを選択し、「データ要素の書式設定」で線や色を変えます。

基点はゼロから始める

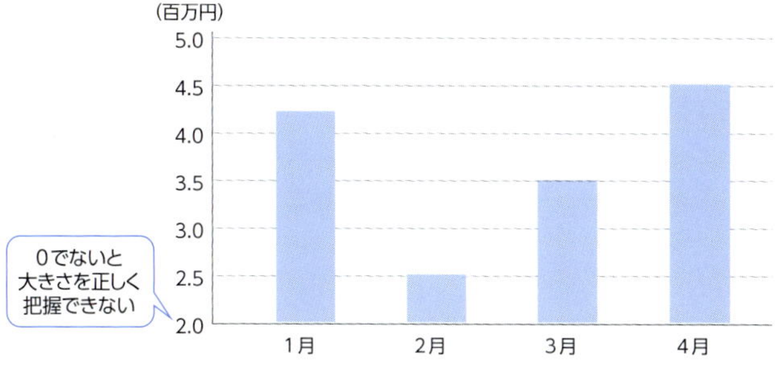

3D表現は使わない

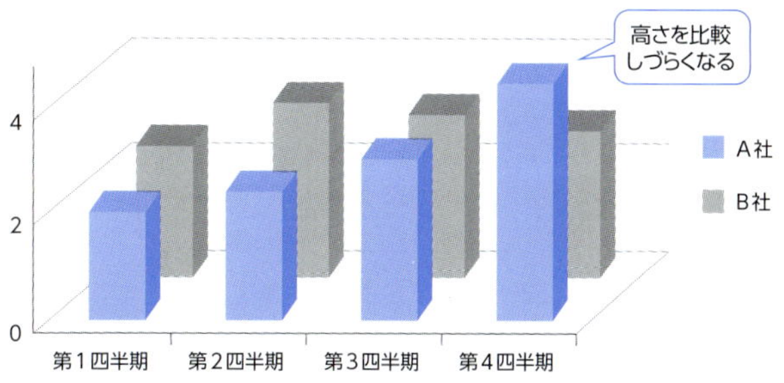

データの意味が違う場合には棒の表現を変える

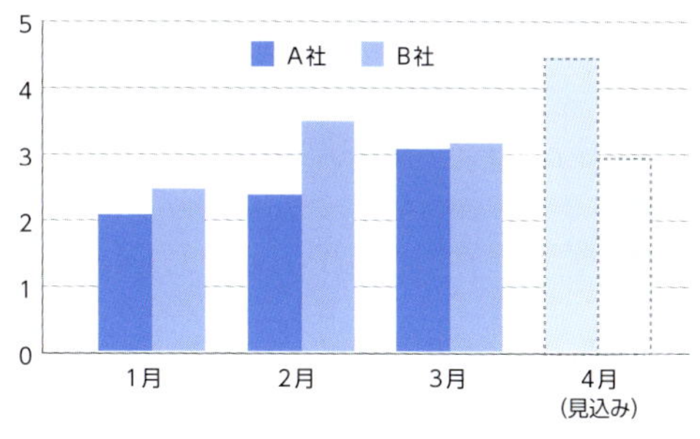

I 文書構成
II 目的構成
III 文字
IV 表
V グラフ
VI 図解
VII 視覚効果

36 縦棒グラフ　応用編

積み上げやずらしで、インパクトを表現する

単純な棒グラフも積み上げたり、百分率にしたり、棒をずらすことで、さまざまなメッセージを表現することができます。表現したいことに応じて使い分けましょう。

棒グラフは、横に並べる以外にもいくつかバリエーションがあります。表計算ソフトのグラフタイプをクリックして自動で作成できるものもありますので、いろいろ試してみることをお勧めします。代表的なものをいくつか紹介します。

１つ目は、**100%積み上げ棒グラフ**です。量そのものではなく、**内訳比率を比較する**グラフです。注意点としては、積み上げる数値が下から多い順にすることです。順番がバラバラだと比較がとてもしにくくなるためです。

２つ目は、**量率グラフ**といって、**棒の総量と内訳比率の両方を一度に見ることができる**グラフです。作り方は、一手間かかります。まず100%積み上げ棒グラフを作成します。次に棒の横幅を、割合によって太くしたり細くしたりします。形が単純ではなく、同じ量でも横長になったり、縦長になったりしますので、面積だけでは見誤るリスクが高いため、グラフ内に数値を記載します。

最後は、**階段グラフ**です。**ある２つの時点での量の変化を表します**。前の状態にどのような数値変化があって後の状態になったかを表現します。流れるイメージから、滝グラフや**ウォーターフォールチャート**という言い方もされます。例はさまざまな施策がコスト削減にどのようなインパクトを与えるかを示しています。売上や利益の構造などの表現にも使います。

100%積み上げ棒グラフ

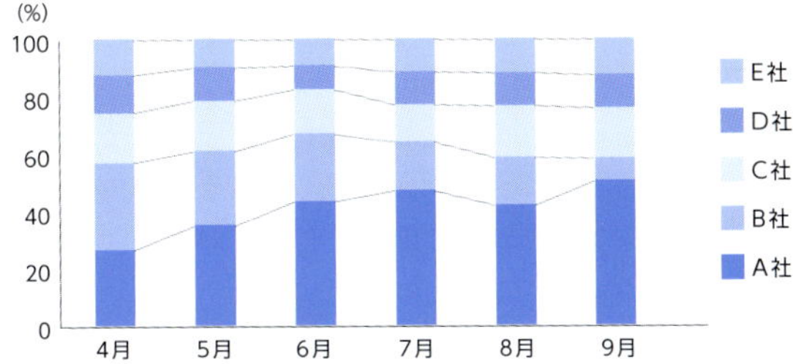

量率グラフ

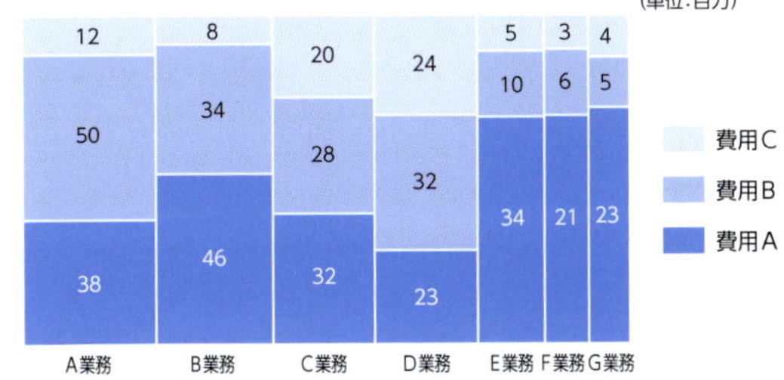

階段グラフ(ウォーターフォールチャート)

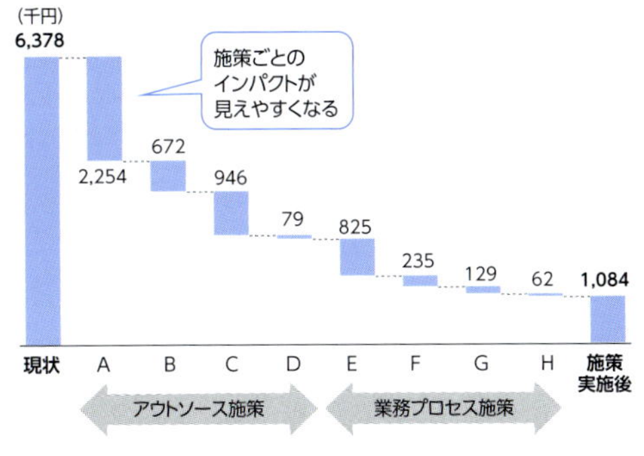

37 横棒グラフ

順位、ランキングを表す

横棒グラフは、縦棒グラフを単に横に置き換えただけのものではありません。縦棒グラフが連続した量を比較するのに対し、順番が変動する要素の順位づけを表します。

横棒グラフはランキングを示すグラフですので、**項目の並び順は基本的に順位に応じて変えます**。縦棒グラフとの大きな違いはこの点です。縦棒グラフは量の比較なので、原則として並び順は時系列や決められた項目の順序にします。たとえば、営業支店の売上を示す時、縦棒グラフならば支店名や地域順など決まった順で並べ、横棒グラフであれば売上の多い順で並べるわけです。

順位と差の程度が分かればよいので、**詳細な目盛り線を引いたり、実数値を細かく入れる必要はありません**。順位で並べることから、「上位、下位のランキングの傾向は何か？」「どこで格差が出ているのか？」「上位グループで全体のどれくらいを占めるのか？」など表現したいメッセージに応じた加工や強調をすることが必要になります。

例として挙げているのは、ある求人・求職サイトを利用している人に「サイトに不足していると感じる情報は何か？」というアンケートをとった結果です。大きな差が出る上位と下位のグループに分けて、意味を明示しています。

２つ目の例は、**パレート図**と呼ばれるグラフです。このように横棒グラフは、縦にするケースもあります。順位に沿って棒を並べ、量が占める累積比率を折れ線で表現しています。例のグラフは商品を売上順に並べ、累計構成比によって大きくランク分けしたもので、**ＡＢＣ分析**と呼ばれます。

横棒グラフの基本ルール

× 詳細な数値を比較するものではないため、目盛り線は基本、不要

D
A
E
H
C
F
G
B
I
0 1 2 3 4 5

○ 実数値も少なめ。項目数が多い場合に区切り線を入れる。

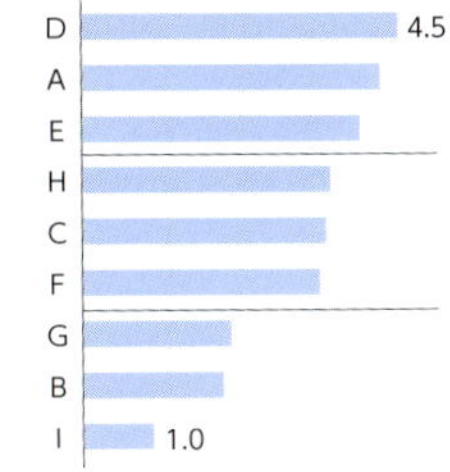

横棒グラフの例1

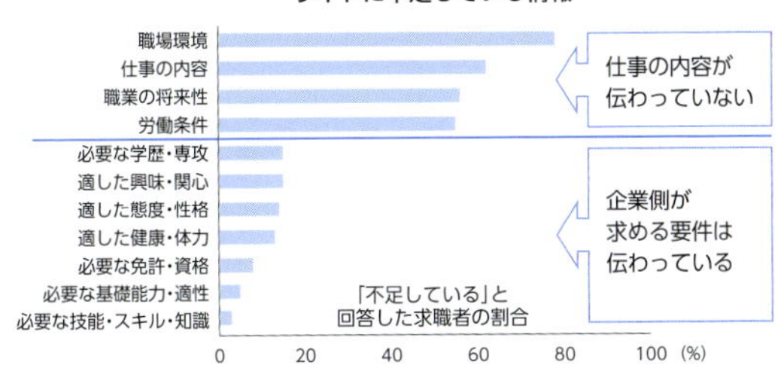

横棒グラフの例2

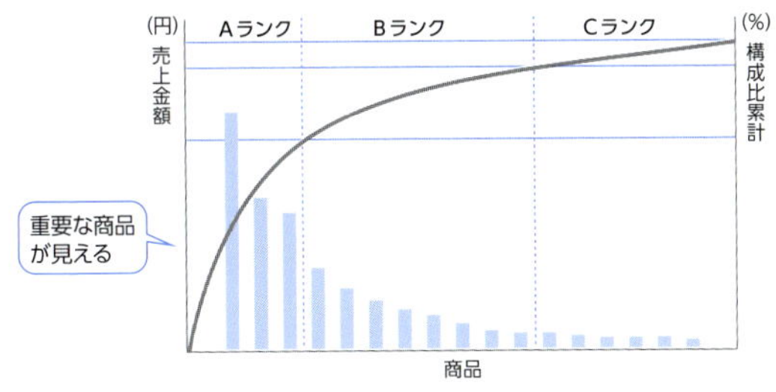

38 線グラフ　基本編

線の傾きで、変化の傾向を見せる

棒グラフが面積で量を表現するのに対し、線グラフは線の傾きで変化を表現します。上昇、下降、横ばいなど変化を表現するためには目盛りをコントロールします。

線グラフは**線の傾きがメッセージを表現するため、目盛り線の設定が重要**です。よって、縦棒グラフのように基点をゼロから始める必要はありません。むしろ、大きな金額の場合、基点をゼロから始めると変化が見えなくなります。とはいえ、あまりにも目盛りを細かく取りすぎてしまうと微細な変化を非常に大きな変化があるかのように錯覚させてしまいます。**折れ線の傾きがグラフの縦の長さの3分の1から3分の2くらいに収まるよう目盛りを設定する**とよいでしょう。

ただし「停滞」「横ばい」を強調したいのであれば、あえて目盛りを大きい数値でとって、下のほうで伸びていない折れ線になるよう設定することもあります。あくまでもメッセージの表現内容によって目盛りを調整しましょう。

線グラフに限らず、表計算ソフトなどでグラフを作成すると、さまざまな不要な装飾効果、たとえば色や多すぎる目盛り線などが標準でついてしまいます。不要なものはなるべくなくすことで、シンプルで見やすく、メッセージ性の高いグラフにします。

線グラフの場合には、**マーカー**と呼ばれる四角や三角などの記号がノイズに当たります。線の傾きで変化を示すのが目的なので、マーカーは削除したほうが見やすいでしょう。色は線の本数が多くなければ、無彩色の濃淡や太さ、実線・点線など線の種類でも表現できます。

線グラフの目盛り設定

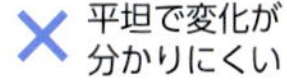
× 平坦で変化が分かりにくい

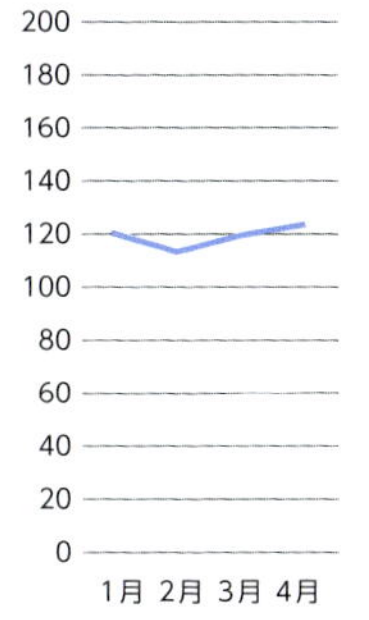

× 極端すぎて誤解を生む

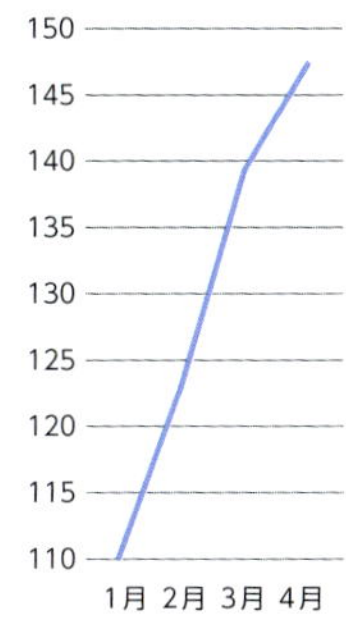

○ 全体の3分の1に傾きが入るよう設定

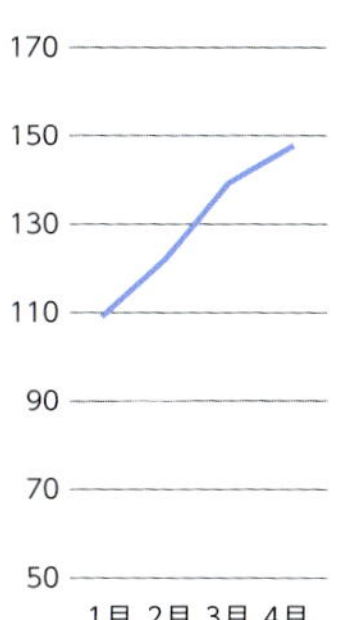

線グラフのノイズカット

マーカーと色でごちゃごちゃした印象

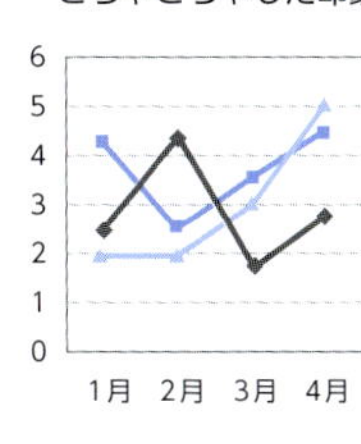

マーカーをカットしたほうが変化は見えやすい

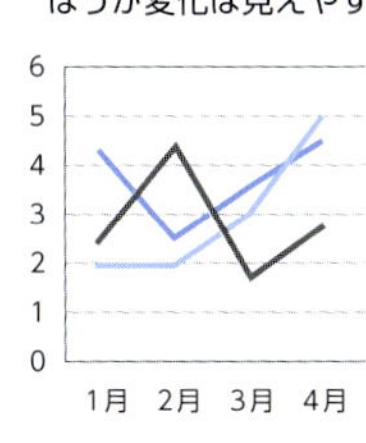

できれば無彩色で表現できたほうがよい

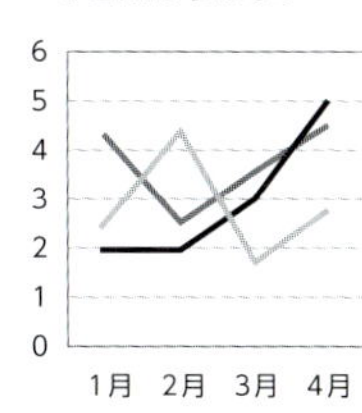

39 線グラフ　応用編

重ねと組み合わせで、複雑なメッセージを伝える

線グラフも棒グラフと同様、重ねて層にしたり、他のグラフと組み合わせることで、より複雑なメッセージを表現することができます。

線グラフは線の傾きが命です。線が多くなると重なってしまい、見にくくなってきます。そのような場合には、グラフ自体を並べることで線の傾きをしっかりと見せられます。特に株価のように小さな変動が多数あるようなデータでは、2本の線だけでも非常に煩雑に見えてしまいます。2社の株価比較などの場合には、上下にグラフを並べましょう。

応用グラフとしては、**積み上げ面グラフ**があります。このグラフは線グラフが変化だけを表すのに対し、**折れ線で変化を、面積で量を、そして積み上げることでそれぞれの比率と、一度に3つを表現する**ことができるグラフです。地層のように重ねていきます。例にある人口動態のグラフは、生産年齢人口の上に老年人口のデータを重ねることで、老年人口の重みをより視覚的に表現できています。積み上げ棒グラフでも同様のものが作れますが、「量」よりも、「変化」を強調したい場合にはこちらを選ぶとよいでしょう。

さらに応用として、棒グラフとの組み合わせがあります。横棒グラフの項で紹介した**パレート図**が該当します。たとえば、売上と利益率など性質や単位が大きく異なるものを比較したい時に売上（単位：円）を棒グラフ、利益率（単位：%）を線グラフにして、軸を両脇に2軸でとることによって、比較しやすくなります。このように量と比率の比較などの場合に向いています。

並べて表示して変化を見やすく

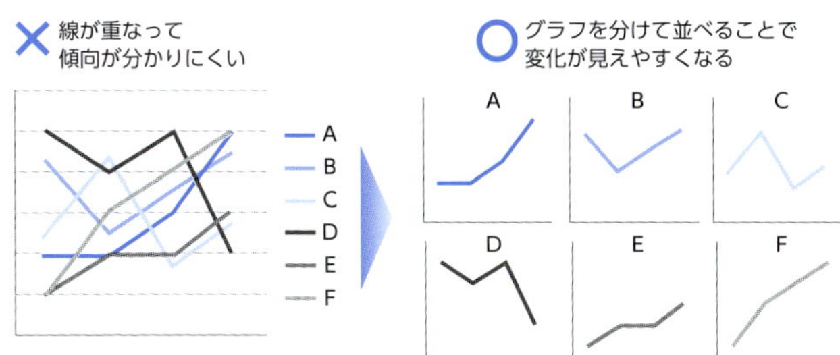

積み上げ面グラフ

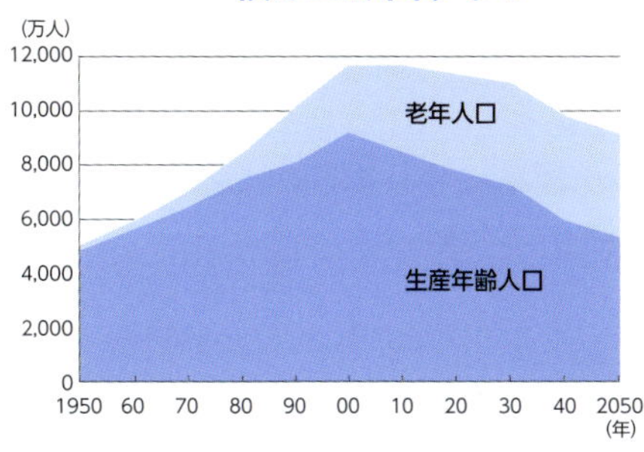

棒グラフと組み合わせた2軸グラフ

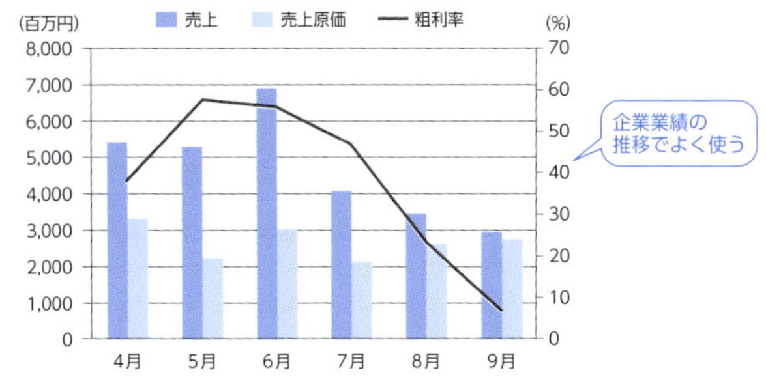

40 円グラフ

内訳を角度と面積で見せる

円グラフは目にすることが多いグラフですが、場合によっては積み上げ棒グラフのほうが比較しやすく、多くの項目がある場合には不向きなど、使い方に注意が必要です。

グラフといえば円グラフを思い浮かべる方も多いのではないでしょうか？ ある意味とてもメジャーなグラフです。しかし、コンサルティングやリサーチを専門とする会社の一部では「円グラフ使用禁止」というところもあるくらい、使用にあたっては注意が必要なグラフです。使用禁止の理由は、円をカットした面積や角度では正確な数値を把握しにくいからです。少ない比較項目で大きな割合を示すにはよいですが、項目が多い場合には適していません。

基本ルールとしては、データ項目の並びは多い順にすることがあります。よって、データ項目の並び順に意味がある時や固定化したい場合にはあまり向いていません。例にあるように人事の５段階評価はＡからＥという並びに意味があるため、円グラフよりも100％積み上げ棒グラフのほうが、並び順と内訳のいずれも違和感なく表現できます。

円グラフを使う際は、①データの項目数が少ない、②データの並び順に意味がないことをまずは確認しましょう。データ項目の数が多いにもかかわらず、どうしても円グラフで表現したい場合には、例にあるように詳細なデータ項目は「その他」にまとめて、別の棒グラフなどで表現するほうが見やすいでしょう。

装飾では、多色使いをせず同色グラデーションにします。また、角度と面積が歪む３Ｄ表現の装飾は避けましょう。

円グラフか？ 積み上げ棒グラフか？

項目に順番や序列がある場合には、
100%積み上げ棒グラフのほうが見やすい

例：5段階評価における社員数の割合

× データ並び順が変わると
理解しにくい

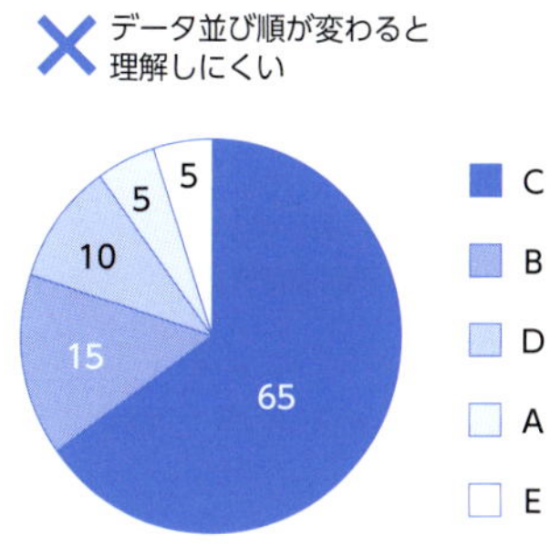

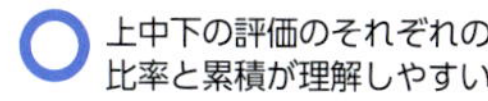
上中下の評価のそれぞれの
比率と累積が理解しやすい

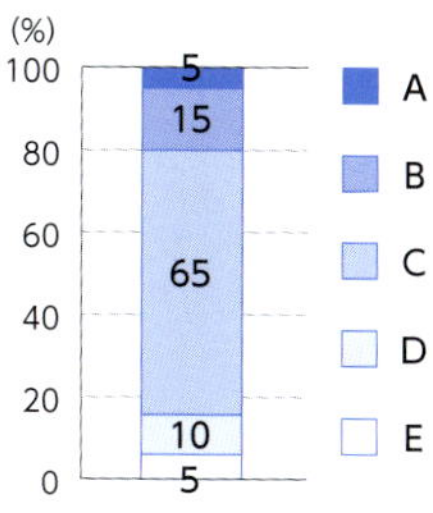

データ項目数を減らす

詳細なデータ項目は「その他」にまとめて
補助的に積み上げ棒グラフで表現する。

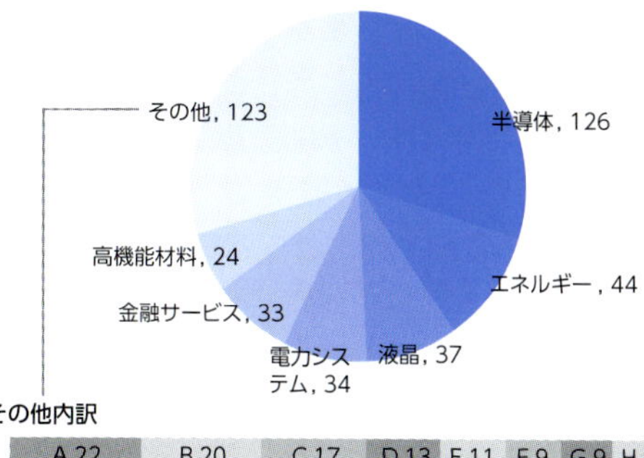

その他内訳

A,22	B,20	C,17	D,13	E,11	F,9	G,9	H,8	I,7	J,7

A テレビ　B ノートパソコン　C 白物家電　D 建設機械　E 造船
F 携帯電話機器　G 原動機　H 空調機器　I オートモティブ　J 照明機器

41 散布図

2つの項目の相関関係を表す

散布図は、横軸と縦軸にそれぞれ別の項目をとり、データが当てはまるところに点を打って示すグラフです。2つの項目にどのような関係があるかを見るのに適しています。

データの分布や相関を示すグラフとして、散布図があります。縦軸、横軸に項目を設定し、データを点で置きます。点で置くことを**プロット**するといい、プロットした点の形状によって、2項目の相関を示します。相関を示すとは、「Aによって Bが変化する」、もしくは「Aが異なるとBも異なる」を示すことです。例にあるように**右肩上がりであれば、X軸の値が変化するにつれてY軸の値も変わっていくことから、正の相関関係がある**ことを表し、逆に**右肩下がりになれば、負の相関関係がある**ことになります。プロットした点の形が斜めの線上の近くに集中しているほど相関が強く、広がっているほど弱いことになります。

散布図では横軸に変化する数値をとります。先に変化する数値であるXを横軸にとり、Xの変化によって生じた結果である数値Yを縦軸にとります。例は「営業職員を増やすと売上はどう変化するのか」「気温が変わると客数はどう変わるのか」という相関を見るためのグラフなので、先に変化する営業職員数と気温という項目が横軸になります。例Aのグラフでは、営業職員を増やすことで売上は伸びるがある人員を超えると相関がなくなるという示唆を表現しています。例Bは、土日と平日のデータをプロットしており、土日のほうが傾きが急であることから、気温と客数の相関がより強いことを示しています。

相関のパターン

①強い正の相関関係がある

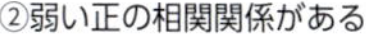
②弱い正の相関関係がある

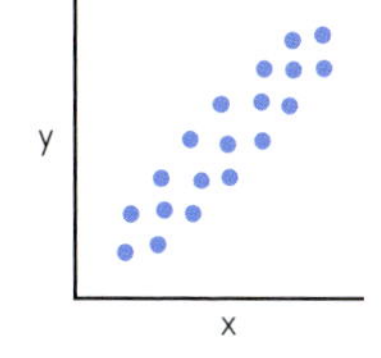

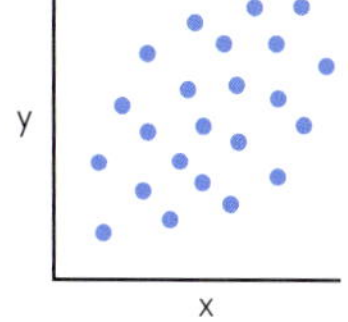

③強い負の相関関係がある

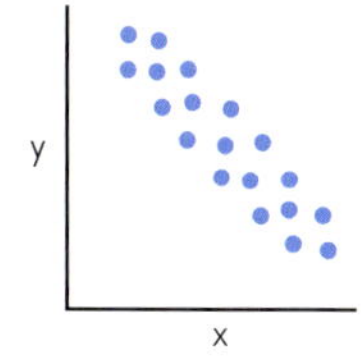

④弱い負の相関関係がある

⑤相関関係がない

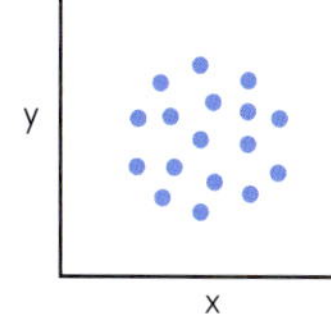

散布図の例

A.営業職員の人数と売上の相関

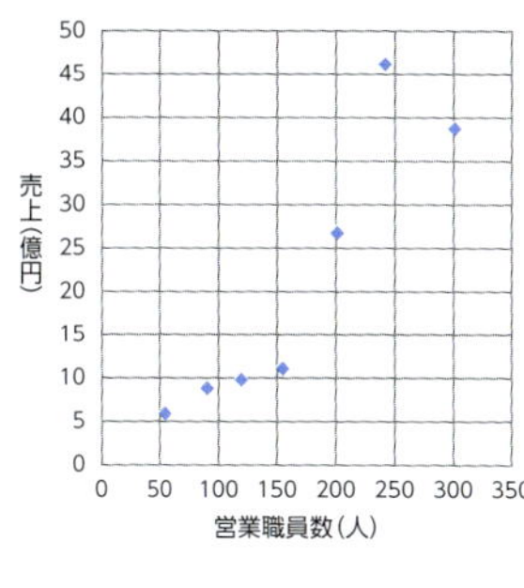

B.気温とビアホール客数の相関

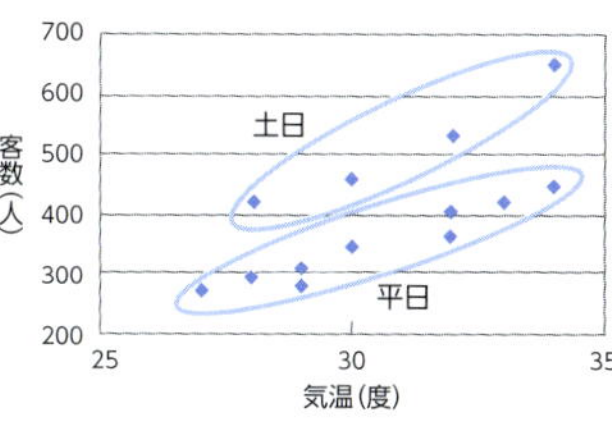

42 バブルチャート

3つの項目の相関関係を表す

バブルチャートは、散布図を構成する２軸に加えて、それに関係する量的なデータを円の大きさで表すグラフです。３つの項目の関係性を２次元のグラフで表現できます。

バブルチャートは散布図の一種とも言えます。プロットするのは点ではなく、「バブル」という、量を大きさで表現する図形を用います。散布図が２つの項目を表現しているのに対して、バブルチャートは３つのデータを３Ｄグラフを用いずに２次元で表現するグラフです。多くの人は２次元の紙や画面上に、立体感を伴った表示をした場合に、正しく認識することは難しいでしょう。バブルチャートは３次元のデータを２次元で表す優れた方法のひとつと言えます。

バブルチャートの問題点として挙げられるのは、プロットした数が多くて重なりが多くなると、データが隠れてしまうことです。散布図はデータ数の多さが相関の正確さを表すことにつながるため、プロットするデータは多いほうが望ましいですが、バブルチャートの場合には、円が重なり合わないようデータはある程度しぼったほうがよいでしょう。

軸の取り方としては、**バブルは量を表す数値**として業界・企業・商品などの規模を設定し、**Ｘ軸とＹ軸でそのポジショニングを表す軸**を設定します。ポジショニングに量という情報が加わることで、より複雑なメッセージを表現することができるわけです。市場などはしっかりとした線引きが難しいものですが、バブルチャートで３軸で表現することにより、カテゴリーやポジショニングの傾向、特殊性などが見えてきます。Ｘ軸、Ｙ軸、Ｚ軸をいろいろと設定してみましょう。

例１　Ｘ軸：シェア、Ｙ軸：当期売上、Ｚ軸：年商

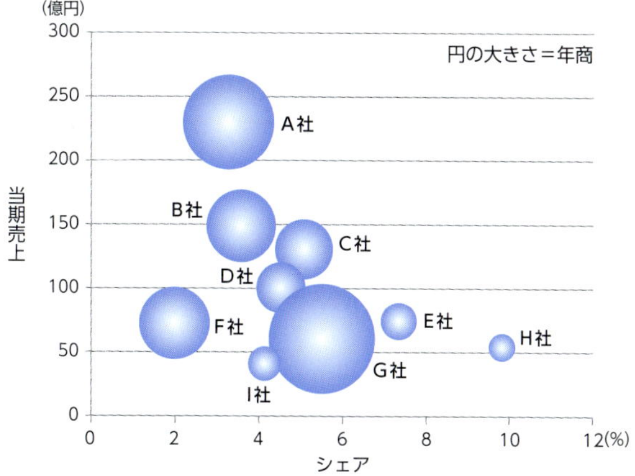

例２ Ｘ軸：購入頻度、Ｙ軸：平均単価、Ｚ軸：市場シェア

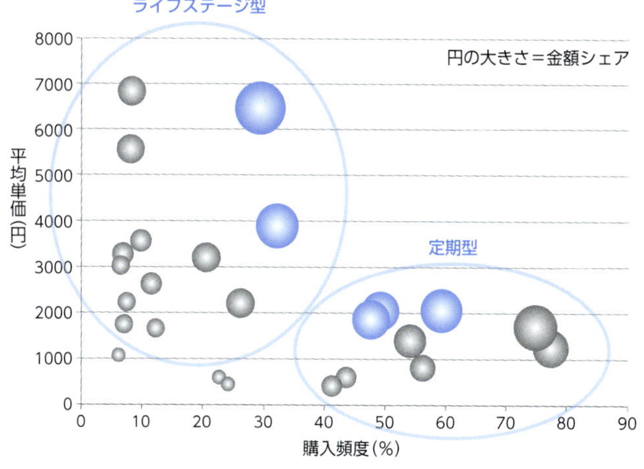

43 レーダーチャート

複数の項目の評価を視覚的に表す

レーダーチャートは、３つ以上の複数項目の比較や全体のバランスを見るために優れたグラフです。比較項目の数値の取り方や並べ方でメッセージを表現します。

レーダーチャートは、その外観から**スパイダーチャート**、**蜘蛛の巣グラフ**、または**スターチャート**とも呼ばれます。グラフの中心が始点で外側の輪を終点とする個別の軸に沿って各項目の値をプロットします。データをプロットした後、隣同士のデータを直線で結んで作成する場合と、結ばれた範囲内を塗りつぶす場合があります。棒グラフも同様の表現は可能ですが、より多い**複数項目を一覧で比較することができ、全体のバランスが見やすいため、強み弱みを認識しやすい**グラフです。

成績や性能比較などに活用されることが多いのが特徴です。**平均値との比較にも向いています**。人は円という形は完全な状態を表す形だと認識していることが多く、凹み部分があると、その欠落を埋めて円に近づけたいという意識が働くと言われています。つまり能力評価や性能比較に用いると、凹んでいる項目は欠落していることを強く感じさせるという効果があります。

活用例としては、提案書での自社製品と競合製品の比較や、２社の保有能力の評価などが挙げられます。項目や基準値はある意味恣意的に決められるので、自社の強みを見せやすいと言えます。メッセージを文章で長々と説明しなくても、視覚的に強く代弁してくれるグラフです。３者以上で重なりが多い場合には、横に並べて比較しやすくします。

レーダーチャート作成の仕方

1　複数の項目について比較する項目を３つ以上選定する

2　比較項目の数値単位を揃える

たとえば、5教科のテスト結果を評価する場合、国語、数学、英語が200点満点、理科、社会が100点満点の場合、以下のように調整する

調整例A：理科、社会の点数を２倍にする
調整例B：科目ごとの標準偏差を用いる

3　傾向を意識して、比較項目を並べてグラフを作成する。

たとえば文系の科目と理系の科目で左右に分け、どちらが強いかの傾向を見えるようにする

例：２者の能力比較

Aは自信があり実行力はあるが、他者との協業が弱みなのに対し、Bは他者に引きずられ、実行に移せない面がある。

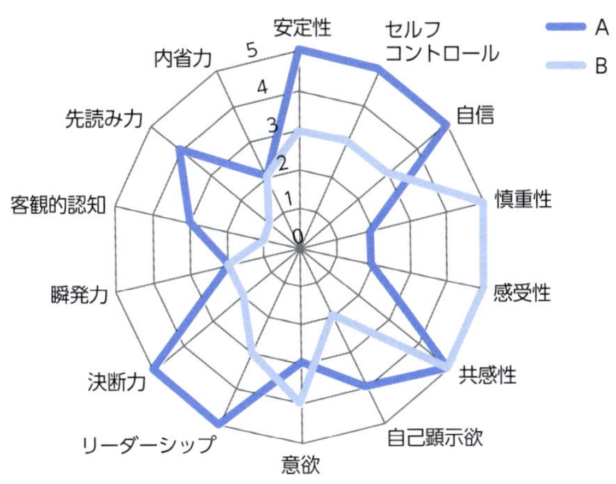

44 ファンチャート

ある時点からの変化を表す

ファンチャートは、ある時点のデータを基準値として、その後の変動を基準値に対する割合によって線グラフとして表現するグラフです。

ファンチャートは複数の値の変動を図示するためのグラフです。ある時点のデータを基準値として、その後の変動を基準値に対する割合＝指数を用いて線グラフとして表現します。

グラフ左端の基準値の時点ではすべてのデータが同じ基準値100に重なっており、その後の値はそのデータにおける基準値に対して変化した割合で表示されます。初期値が異なる複数のデータ系統の増減の度合いを比較したい場合に用いられます。増加するものは右上に、減少するものは右下に進む線として表現され、扇（英語で「fan」）を横に開いた形に似ていることからファンチャートと呼ばれます。

使用例を挙げると、複数の商品があった場合に一番伸びているのはどれかを比較する場合などがあります。商品ごとの価格差や市場規模の違いもあり、単純に売上金額の実数だけでは上昇率を見ることはできません。そこで、ある年を起点として、各商品のその年の売上金額を100％とし、次の年以降の上昇・下降の指数に変換した上で、線グラフを作成します。つまり**指数の線グラフ**ということになります。売上金額の大きさの比較では埋もれてしまう商品を見つけられます。

ファンチャートでは、基準とする時点の選び方も重要です。売上低迷期を基準値とすれば伸びや落ちの傾向が大きく見えます。よく売れている時点を基準値とすれば、その後の伸びや落ちが実態より小さく見えるので、注意して選びましょう。

ファンチャートの作成の仕方

1 複数時点のデータを準備する

2 最初の時点を100として数式を入れる

商品名	2013	2014	2015	2013	2014	2015
A	1028	1090	1140	=B2/$B2		
B	309	410	531			
C	840	798	679			

3 次以降に数式をコピーし、基準値に対する指数を算出する

商品名	2013	2014	2015	指数 2013	指数 2014	指数 2015
A	1028	1090	1140	100%	106%	117%
B	309	410	531	100%	133%	172%
C	840	798	679	100%	95%	81%

4 項目と指数を選択して線グラフを作成する

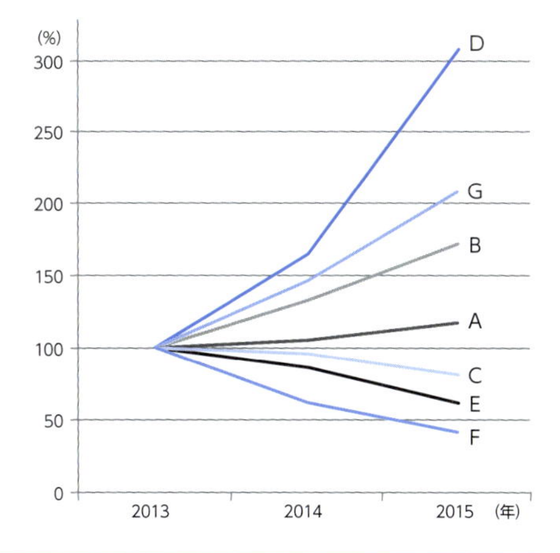

45 Zグラフ

複数の項目の評価を視覚的に表す

Zグラフとは、「業績が上がっているのか、下がっているのか」を一目で見せてくれるチャートです。季節変動の影響を加味した上昇／下降の傾向が分かります。

Zグラフは、物事の推移を見るための線グラフのひとつで、**値の推移、値の累積、値の移動合計の3つを1枚の図にそれぞれ線グラフとして書き入れたもの**です。値のグラフと累積のグラフが左下で、累積のグラフと移動合計のグラフが右上で接し「Z」の形になることから、Zグラフと呼ばれます。

右の例では、Aが月々の業績の推移、Bが最初の月を起点とした月ごとの値の累計値、Cが各月から過去1年間の売上合計値＝「移動合計」を示しています。たとえば今年1月の移動合計は、前年2月から今年1月までの、今年2月の移動合計は、前年3月から今年2月までの売上合計値になります。

この移動合計が右肩上がりであれば、売上は前年に比べ増加傾向です。水平であれば、売上は前年に比べ横ばい・停滞傾向です。右肩下がりであれば、売上は前年に比べ減少傾向にあることを示します。

右ページの2つの例を比較すると、例1では、Cの傾きが後半に右肩下がりであることから、前半よりも後半の売上が落ちてきていることが分かります。例2では、Cの傾きが急激な右肩上がりであることから、業績が伸びていることが分かります。

上下のグラフで各月の売上推移（A）だけを見ていても、差異はなかなか見えてきません。**移動合計と累計値を一緒に見ることで上下変動とその勢いを同時に把握できます。**

例１

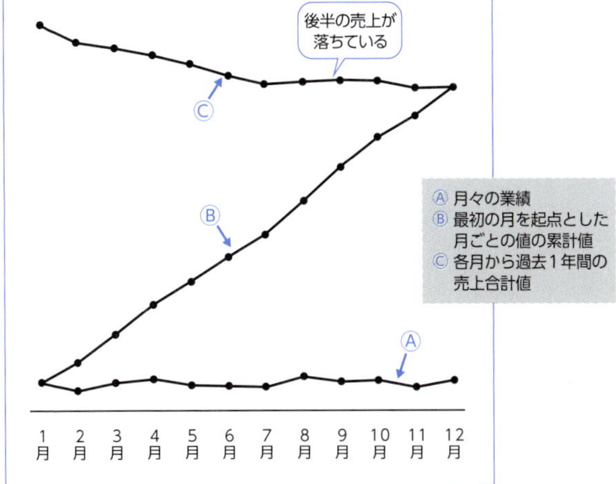

後半の売上が
落ちている
Ⓒ
Ⓑ
Ⓐ
Ⓐ 月々の業績
Ⓑ 最初の月を起点とした
月ごとの値の累計値
Ⓒ 各月から過去１年間の
売上合計値
1月
2月
3月
4月
5月
6月
7月
8月
9月
10月
11月
12月

例２

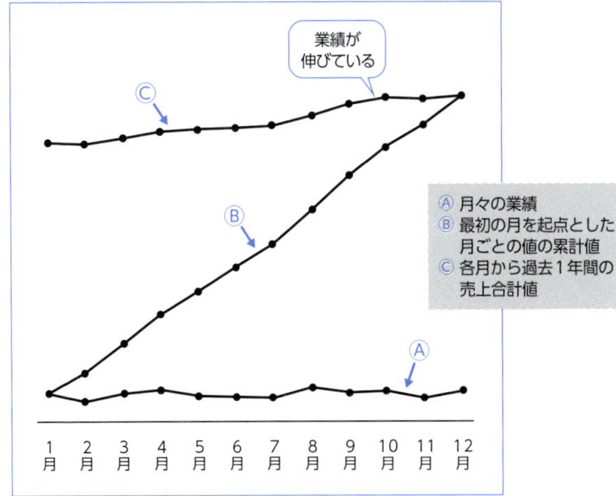

業績が
伸びている
Ⓒ
Ⓑ
Ⓐ
Ⓐ 月々の業績
Ⓑ 最初の月を起点とした
月ごとの値の累計値
Ⓒ 各月から過去１年間の
売上合計値
1月
2月
3月
4月
5月
6月
7月
8月
9月
10月
11月
12月

Coffee Break

TPOに適応するコツ

ファッションはTPOに適応しましょうとよく言われますが、ビジネス資料もTPOを意識するとより伝わりやすくなります。ファッションでは、Tは「Time（時間）」ですが、文章では、相手、つまり「Target（相手）」への適応がもっとも求められるでしょう。最終的に相手の状態に応じた表現にしなければ、せっかく相手目線で作り込んだメッセージやストーリーも通じなくなってしまいます。まずは、Targetへの適応が最重要です。相手の立場、忙しさ、知識レベルに応じて表現を変えるのが当たり前だと思っておくと間違いはありません。特に忙しい相手に対しては、タイトルや見出しだけでも内容が推測できるようなものにしておくとよいでしょう。

次のPlace（場）は、文章の場合にはどのような「場」で使われるのかを意識します。社外に向けて出すフォーマルな資料なのか、社内検討用のメモ的な資料なのか、などです。また、同じ内容でも資料とメールでは異なる表現が求められます。メールは資料に比べればフォーマルではない表現も許される場です。資料では表現できないニュアンスなども補足するなど、場に応じて情報や表現を変えられるといいですね。

最後のOccasion（場合）は、たとえば「説得する場合」「依頼する場合」「報告する場合」などシーンごとに、相手をどのような心理状態にするのかにフォーカスするとよいでしょう。心理状態は以下を意識します。

・説得シーン：相手の心に壁を作っていないか？
・報告シーン：相手に安心感を与えているか？
・依頼シーン：相手が気持ちよく共感してくれるか？

ビジネス文書のTPO、ぜひ、心がけてみてください。

第Ⅵ章

図解のテクニック

46 図解の基本ステップ

図とは要素の関係性を定義したもの

ビジネス文書における図とは、情報を論理的に整理し、各要素を形にして、それぞれの関係性を要素の配置や線・矢印などを使って表現したものです。

「図」とは表現要素を形にして関係性を示したものです。「表現要素」は思いついた言葉ではなく、レベルや性質を揃えて抽出します。また表現要素を入れる丸や四角などの「図形」も、好みではなく図形の持つ特性を理解して選びます。「関係性」は、図形を置く配置やつなぎ方などで表します。このように感覚で作成するというよりは、論理的に作成すべきものです。よく「絵心がないから、図は苦手」という人がいますが、図には絵心や芸術的センスは不要です。むしろ**論理的思考**が必要になります。

Step1の体系化では、表現対象の情報やメッセージを体系化します。**ピラミッド構造**や**ロジックツリー**で体系的に整理します

Step2の表現要素抽出では、整理した情報からキーワードを決めます。文章ではなく、箇条書きかキーワードのレベルで抽出しましょう。

Step3の関係性設定では、表現要素をどのような図形でどう並べて関係を見せるかを考えます。そのために図形の特徴と関係性のパターンから選びます。次項で図形や関係性の表現方法を紹介します。

最後のStep4の作成では、図を加工し、強調します。色に頼りすぎたり、余計な図形を多用しないなど、ノイズを入れないことをまずは意識しましょう。

4つのステップを踏んで図解する

Step1　体系化

メッセージや情報を
体系的に整理する

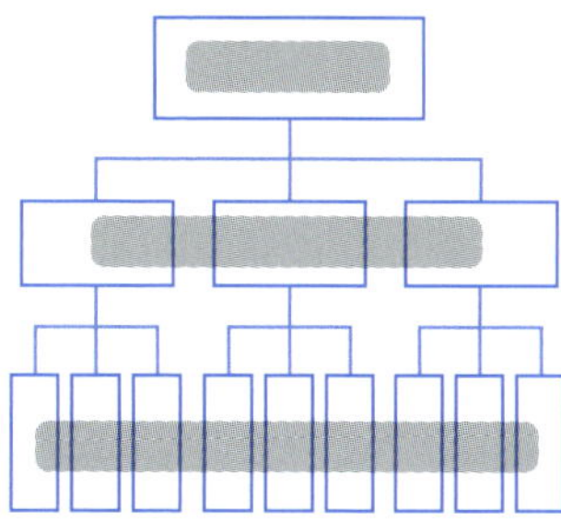

Step2　表現要素抽出

整理した情報からキーワードを
表現要素として抽出する

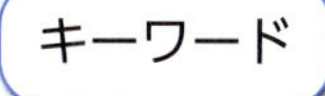

キーワード

キーワード

Step3　関係性設定

キーワードの関係性を
設定する

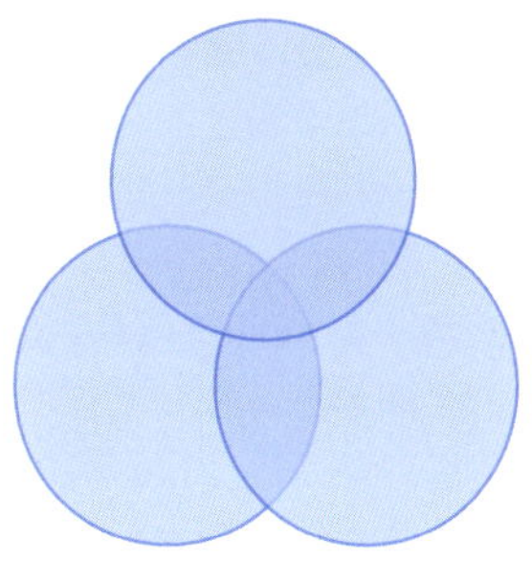

Step4　作成

図形や矢印でチャート
を加工し、強調する

加　工

強　調

47 形と矢印のパターン

図形の持つ特徴や意味を知って使う

図を描くときに図形を選択する際には、その特徴や意味を理解した上で選びます。図形だけでなく、関係や順序を表す矢印や線も種類があり、それぞれ特徴があります。

前項のStep2で抽出した表現要素をどのような図形で表現するかを考えるために、図形の特徴と関係性のパターンを知っておくとよいでしょう。どんな形にするかを決める際には感覚で何となく決めるのではなく、右ページのような**図形の持つ特徴と表現要素が合っているものを選びます**。たとえば、「会社」のような実存する組織は、具体性が高い概念のため通常長方形で表します。「コンセプト」のような具体性の低い概念や「顧客」や「市場」といった概念的な集合の場合は、長方形より楕円形を選びます。三角形は、上下関係や階層構造（ヒエラルキー）があるものによく用いられます。

同じ「顧客」を表す場合でも、概念として顧客という集合を表す場合は単純に楕円形を、企業が会員として顧客を表現するのであれば、ドラム型を使いその中に「顧客基盤」と書いて表現したほうがイメージと合うでしょう。その顧客会員にプレミアム会員などが存在して階層がある場合には、三角形が合っているでしょう。このように同じキーワードでも表現したいイメージによってふさわしい図形が変わります。

同様に矢印や線もそれぞれ特徴があります。矢印は変化の大きさによって選びます。線は図形と図形を結んで関係性や概念的なつながりを示しますが、実線で結ぶ場合は継続的な関係性、点線は一時的な関係性を示します。また複数の図形を破線で囲む場合は、領域や集合関係を示します。

形の特徴

長方形

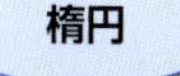

長方形
- 具体性の高い概念
- 実存する集合

楕円
- 具体性の低い概念
- 実態のない集合

星型
- シンボル
- 重要な概念

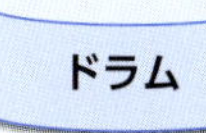

三角
- 上下関係
- 階層構造

ドラム
- インフラ
- データベース

爆発マーク
- 注意喚起
- アラート

ブロック矢印
- プロセス

紙
- 資料・メモ

帳票
- 資料・帳票

矢印・線の特徴

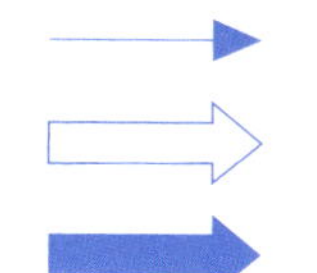

	線矢印	・手順の前後 ・始点と終点
	面矢印（白抜き）	・変化の前後
	面矢印（黒塗り）	・因果関係 ・影響関係
	三角矢印	・単純作業の前後
	実線	・継続的な関係性
	点線	・一時的な関係性
	破線	・領域や集合

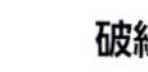

48 関係性のパターン

表現要素がどんな関係なのかを示す

図形を選んだ後に配置する際には、関係性のパターンを知っておくことで理解しやすい図解が可能になります。複雑な情報も、いくつか組み合わせることで表現できます。

どんなに複雑な図解でも、要素を丸や四角形など図形にし、それらをつないだり、配置するという作業で作られます。そうすることで、要素が集まった状態、全体の変化を知ることができます。図解の中でも特に重要なのが、どのようにつないだり、配置するかであると言えます。このとき、ゼロベースで考え出すよりも、関係性のパターンを知っておくことで、確実に図を早く作成できます。

関係性のパターンは、それぞれの関わりや影響を示す**相関**、流れや順序を示す**流動**、上下左右の関わりを示す**構造**という3つの関係性に分かれます。

相関関係のひとつである**集合**は、要素を重ねたり、離して配置して線でつなぐことで、各要素の状態を示すのに用います。コンセプトを示すのによく使われます。**因果**は四角を矢印でつなぎ、順接や逆接などの因果関係を示します。ロジックツリーやピラミッドなどは論理の因果関係を示したものです。**位置**は縦軸・横軸を設定して図形をプロットした位置によって状態を示します。マトリクスとも呼ばれます。**展開**は発展していく状況を示します。**手順**は順番に進んでいく状態を示します。**循環**は手順に近いですが、元に戻るサイクルを表現します。**階層**は四角を線でつないで上下関係を表す他、三角形を横に分断することでも表現できます。

相関――関わりや影響を示す

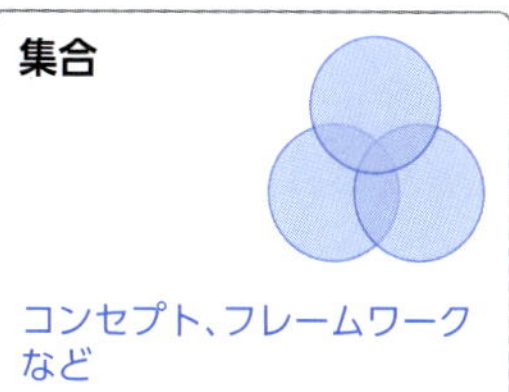

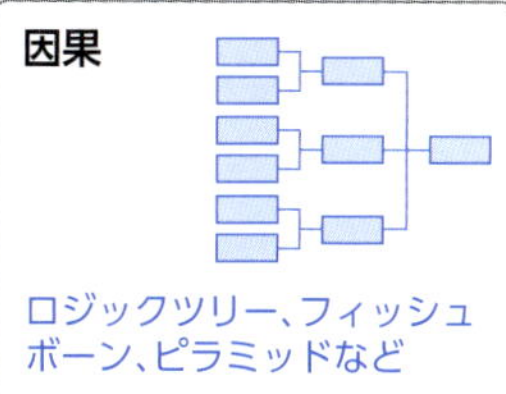

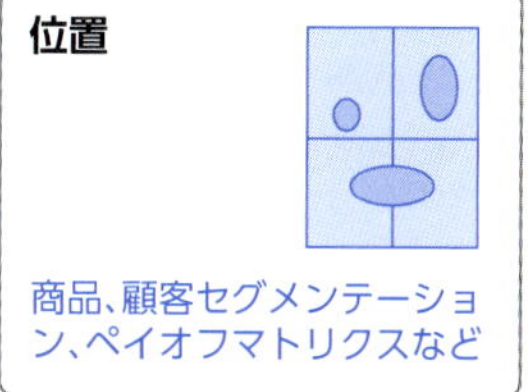

流動――流れや順序を示す

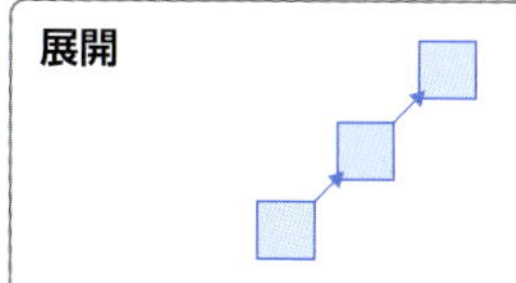

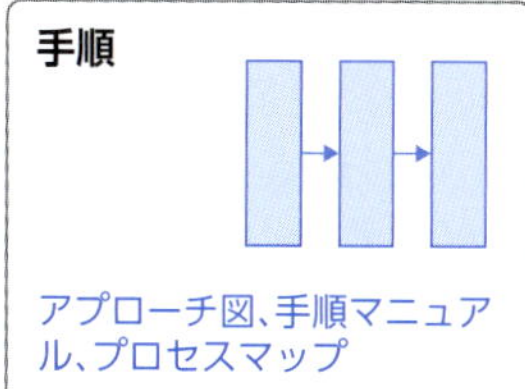

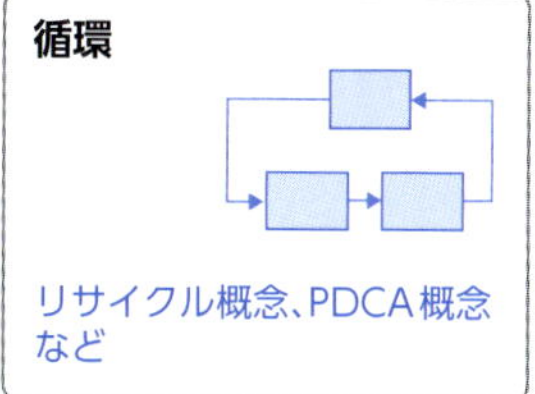

構造――上下左右の関わりを示す

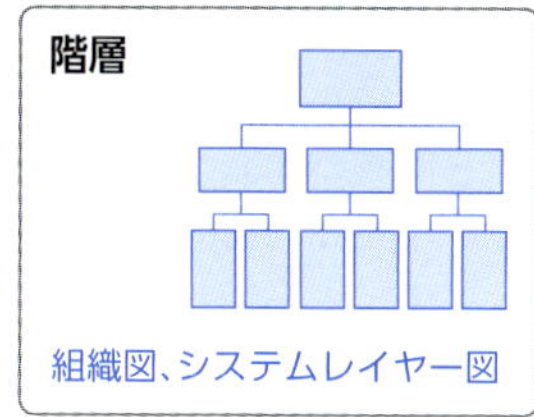

49 集合関係の図

要素の状態を表す

集合関係はコンセプトなどの概念的な情報の状態を示すのに向いています。配置によって並列関係、包含関係、重複関係などのパターンがあります。

集合関係は、きっちりと線引きをしにくい概念を単純化して表現するのに向いています。図形を並べることで並列の関係を、中に置くことで包含関係を、重ねることで重複の関係を示すことができます。この組み合わせでさまざまな関係性を表現できます。

・並列

互いに独立した要素の関係性を表現します。対等関係の他、放射型にして影響を示すパターンがあります。また、図形を組み合わせて表現する他に、大本の図形を線で分割して示す方法もあります。

・包含

要素が他の要素の概念に含まれるという関係性を表します。重複が一部の重なりであるのに対し、すべてが含まれます。

・重複

円と重なる部分で、集合と部分集合を表現したもので**ベン図**と呼ばれます。2～3つの要素の関係性を表すのに用います。重なり部分の大きさによって状態の変化を示すことができます。たとえば、右ページのように、「Can」「Will」「Must」という3つの重なりを大きくすることで「仕事を充実させるべき」というメッセージを表現できます。

より複雑な集合関係の場合には、並列、包含、重複を組み合わせて表現することも考えてみるとよいでしょう。

並列

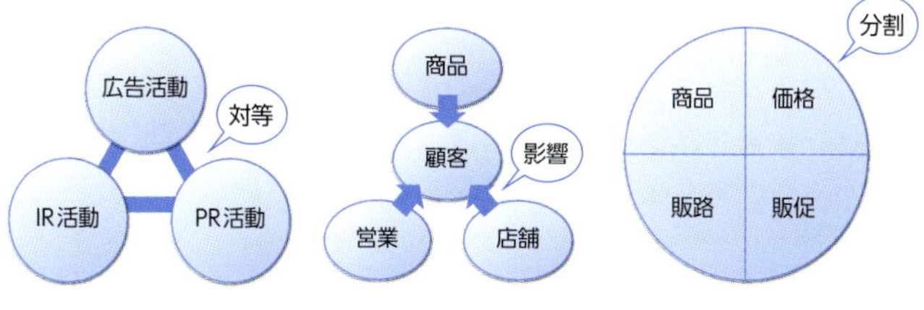

広告活動
対等
IR活動
PR活動
商品
顧客
影響
営業
店舗
分割
商品
価格
販路
販促

包含

インターネット
エクストラネット
イントラネット
優良顧客
リピート顧客
トライアル顧客
潜在顧客

重複

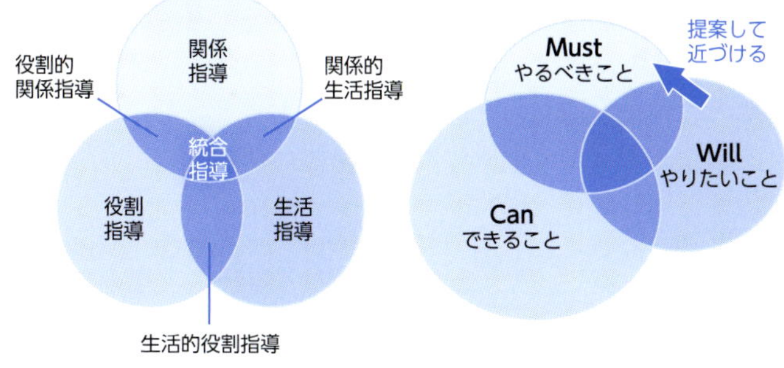

関係指導
役割的関係指導
関係的生活指導
統合指導
役割指導
生活指導
生活的役割指導
Must
やるべきこと
提案して近づける
Will
やりたいこと
Can
できること

50 因果関係の図

要素の順接、逆接の関係を表す

「因果」とは物事の原因と結果のことです。因果関係を表す図では、要素を線や矢印でつなぎ、順接または逆接、理由づけなど論理の関係性を表現します。

ビジネスでは、複雑な事象を整理して見せることが非常に重要です。特に問題解決や提案などでは、根本原因がどこにあるのか、またどんな解決策があるのかをしっかりと論理立てて示す必要があります。

因果関係の図は、四角い図形の中に要素を書いたものを線や矢印でつなぎ、分岐させたり関連づけたりすることで、さまざまな事象の論理関係を表現します。

よく使われるのは、ロジカルシンキングのツールでもある**ロジックツリー**です。問題に対して「なぜ？」を繰り返して分岐していく**Whyのツリー**と、「どうやって」を繰り返して解決策を洗い出していく**Howのツリー**があります。木の形のようになることから、**樹形図**とも呼びます。

もうひとつは、**フィッシュボーン（特性要因図）**と呼ばれる図で、ある問題や課題に対して影響を及ぼしている要因を体系的にまとめます。要因分析したいユニットを背骨にあたる線の右側に配置し、分析の切り口を大骨として、さまざまな要因を小骨として配置していきます。

因果関係の図は分岐のさせ方がポイントです。思いつきで分岐させるのではなく、抜け漏れがないよう**MECE**（ミーシー）（Mutually Exclusive and Collectively Exhaustiveの略:「モレなく、ダブりなく」の意）の考え方を用いるとよいでしょう。

発散の図：ロジックツリー

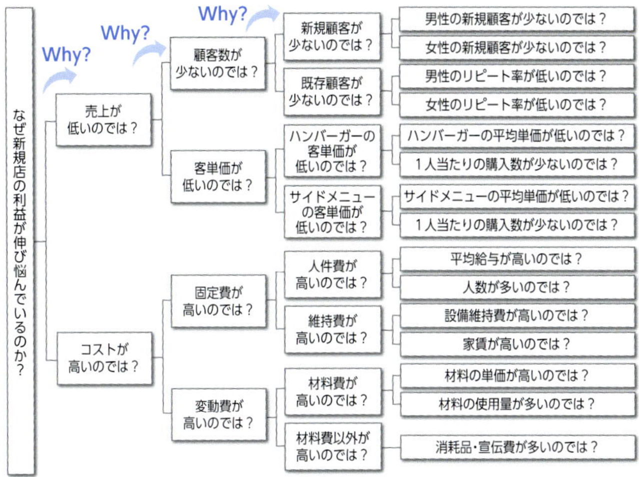

収束の図：フィッシュボーン

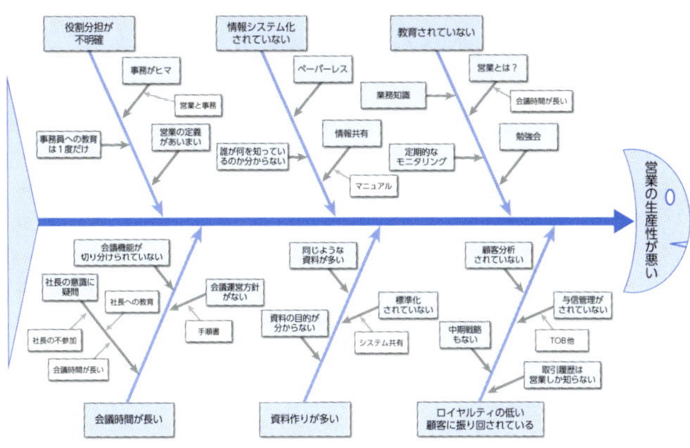

51 位置関係の図

軸を設定し、プロットして状態を表す

位置関係の図はマトリクスと呼ばれます。軸を組み合わせて象限と呼ばれる領域を作り出し、象限上に表現要素をプロットして、特徴を表します。

位置関係の図では、軸を２つ交差させ、各軸を２～３分割することで４～９つの象限（しょうげん）を作成してマッピングします。象限と呼ばれるレイアウトに形や情報を配置してポジショニングを表す図で、マトリクスという呼び方もされます。プロットする図を数値の大きさを表す円で表現した**バブルチャート**（→100ページ）も仲間のひとつです。

マトリクスの中には、**アンゾフの成長マトリクス**や**ＰＰＭ（プロダクトポートフォリオマネジメント）**と呼ばれる、事業のスタンスを明確にして、投資や撤退判断をするためのものなどフレームワークとして定着しているものもあります。

また、緊急度と重要度という２軸の時間管理のマトリクスや、費用、時間、工数などの難易度と効果を設定した**ペイオフマトリクス**、リスクの発生確率とインパクトの大きさを設定した**リスク評価マトリクス**など、アクションの優先順位を意思決定するためにも有効です。

その他、自社の顧客・商品・市場などのセグメンテーションやポジショニングなど、マーケティング領域での表現にも向いています。このような場合には、自社独自の切り口で特徴や示唆が表現できるよう軸を設定する必要があります。

さまざまなマトリクスを見て、どのような軸が使われているのかを理解すると、自分でテーマに合わせたオリジナルのマトリクスを作ることができるようになります。

アンゾフの成長マトリクス

	既存商品	新規商品
既存市場	市場浸透	新商品開発
新規市場	新市場開拓	多角化

プロダクトポートフォリオマネジメント

ペイオフマトリクス

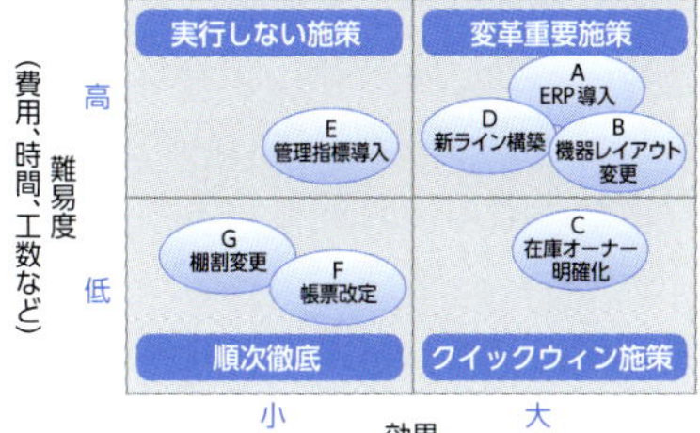

リスク評価マトリクス

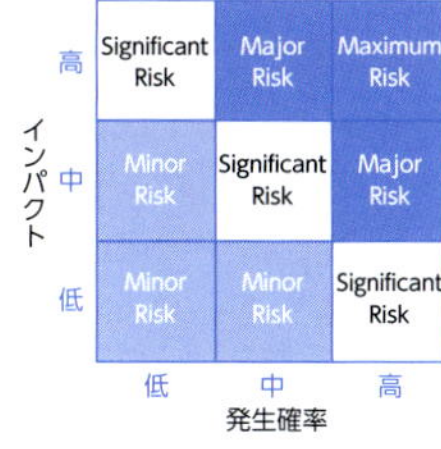

52 展開関係の図

成長や発展を表す

展開関係の図は、事業や施策、プログラムの成長や発展を表現するのに向いています。左下から右上に図形を配置することで成長がイメージしやすい表現です。

右肩上がりの棒グラフは成長や勢いを感じさせます。図解も同様に要素を配置すると同様の効果を出すことができます。

図解に慣れていないと文章や表を作成するように上から下に書いたり、左から右に配置することが多いと思われます。

視線の流れとしては上から下や左から右に流れるのは自然なので、表現したいものが手順やスケジュールという時系列で並べればよいものなら、それでも構いません。しかし、発展や成長を表現する場合には、**右上に向けて図形を配置することで、発展していく状態をより強調する表現が可能**です。

例のように矢印と組み合わせたり、階段状にすることで、向かう方向も理解しやすくなります。さらに下の例のように配置する図形をグラフに置き換えることで、どのように発展していくのか、具体的な変化をさらに視覚的に表現できます。

このように関係性のパターンを理解した上で、さらに他の表現と組み合わせることでより複雑な内容を視覚的に表現することができます。作成するのが難しいと感じる図解でも、よくよく見てみると、本章で紹介する関係性のパターンを複数組み合わせたり、グラフなどその他の表現を組み合わせています。たくさんの資料や図解を漫然と眺めるのではなく、関係性のパターンを意識して見ることで、自分の引き出しに貯めていくことができます。初めのうちは、他の人が作成した図を応用して作成することもやってみましょう。

矢印と組み合わせる

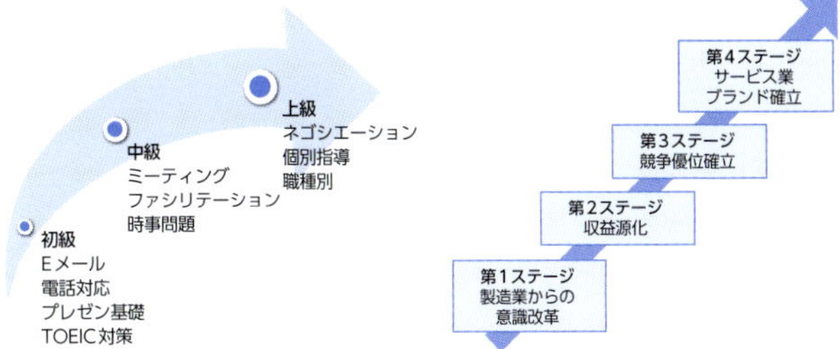

階段状に表現する

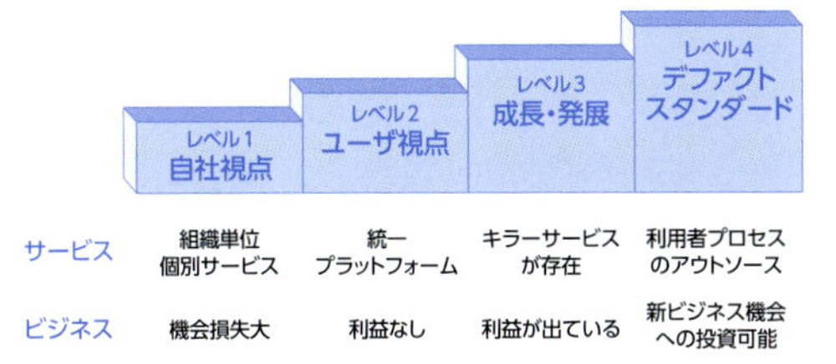

関係性のパターンやグラフと組み合わせる

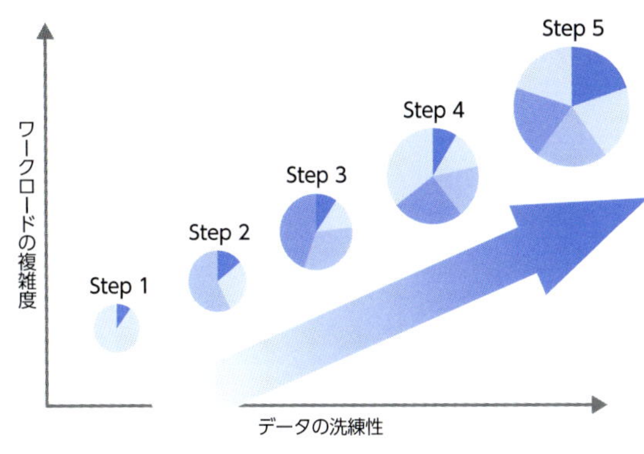

53 手順関係の図

作業やステップの順番や流れを表す

手順は、作業やアクションの規模や期間に応じて、表現の仕方が異なります。大きなアクションの流れを示すにはブロック矢印、小さなアクションを示すには四角形を選びます。

手順は、作業の順番や流れを示します。要素である作業や、アクションの規模・期間で、大まかに表現の仕方が変わります。厳密に決まっているわけではありませんが、プロジェクトマネジメントでは、ステージ→フェーズ→タスク→アクティビティという順で、アクションの規模が大から小になります。業務の手順なら、プロセス、ステップと呼ばれます。いずれにしても意味するところは、業界、業務、企業、部門によって異なるため、厳密なひとつの定義はありません。

手順の図解表現では、ステージやフェーズ、ステップなどの規模や期間が長い要素を表現する際には、ブロック矢印など大きな流れをイメージさせる図形を用います。小さいものには四角形などを用います。

また、詳細な手順を示す業務フロー図を作成する場合には、条件による分岐の図形、システムや帳票などを表す図形などルールを決めることでより分かりやすい図になります。

手順の図のひとつである**ガントチャート**は、タスクを線で表現する図解表現です。タスクの順番、タイミング、期間を視覚的に表現できるため、プロジェクトなどある一定期間に行われるタスクを効果的に表現できます。**アプローチ図がタスクの因果関係を示すのに対し、ガントチャートは順序と期間を主眼に置いた表現です。**伝えたいもので、表現タイプを選びましょう。

プロジェクトアプローチ図

フェーズ：ブロック矢印
タスク　：四角形

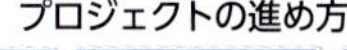

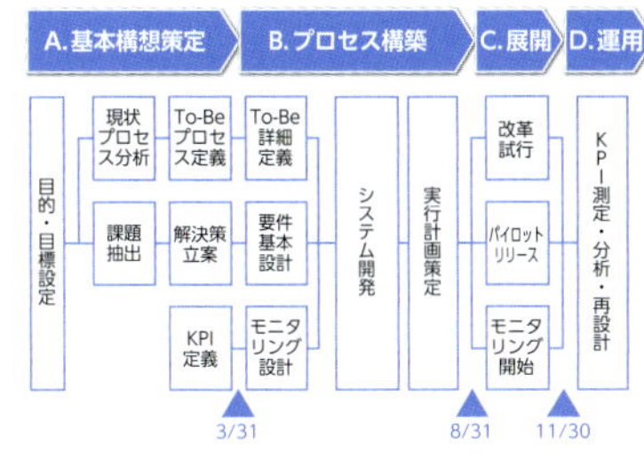

業務フロー図

プロセス：変形四角形

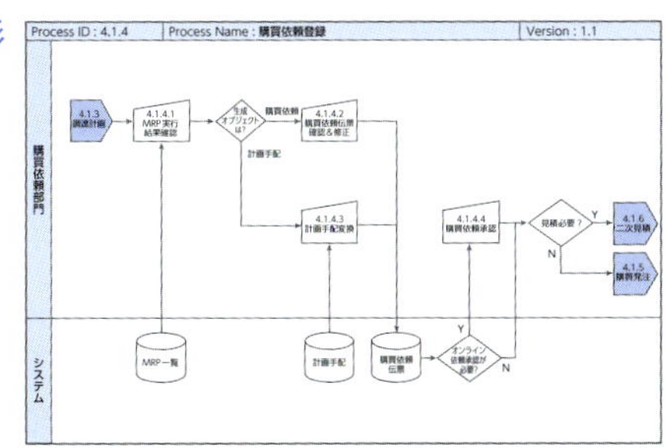

ガントチャート

タスク：線

タスクとスケジュール

		A.構想策定		B.プロセス構築					C.展開			D.運用		
		2	3	4	5	6	7	8	9	10	11	12	1	2
A-1	目的・目標設定													
A-2	現状プロセス分析													
A-3	課題抽出													
A-4	To-Beプロセス定義													
A-5	解決策立案													
A-6	KPI定義													
B-1	To-Be詳細定義													
B-2	要件基本設計													
B-3	モニタリング設計													
B-4	システム開発													
B-5	実行計画策定													
C-1	改革試行													
C-2	パイロット・リリース													
C-3	モニタリング開始													
D-1	KPI測定・分析・再設計													

54 循環関係の図

エンドレスに繰り返す流れを表す

エンドレスな循環作業を示す図です。ポジティブ循環は右回り、ネガティブ循環は左回りにします。手順の図と比較してより概念的な大きなサイクルを表現します。

手順が左から右に流れて終了する関係を表すのに対し、**循環はまた最初に戻って繰り返すという関係**を表現します。「スパイラル」「サイクル」という言い方をすることが多いでしょう。**PDCAサイクル**などもこの循環で示すことが多い図です。

手順の図で用いる図形が、四角形やブロック矢印など具体的な概念を示す図形が多いのに対し、**循環の図では、丸い形など抽象的な概念を示す図形を使うのが多い**のが特徴です。これは、循環は単なる作業の繰り返しではなく、より良くなっていく、もしくはより悪くなっていくというような正負のスパイラルの概念を示すことが多いためです。よって、単なる作業の繰り返しの場合には、手順のフロー図で繰り返しの表現にしたほうが分かりやすいでしょう。

より複雑な循環を示す図は、**マルチ循環図**と呼ばれます。大きな循環があり、途中から入ったり、出たり、また戻ったりということを表現でき、リサイクルや在庫・返品などの表現に使えます。

また、同じ循環でも、開始位置によって、よい循環になったり、悪い循環になるなど、位置による違いなども表現可能です。循環の図は、継続的な活動のフレームワークなど概念を効果的に示すのに向いています。サービスのコンセプトや取り組みの本質を表現してみましょう。

正の循環図

基本的には時計回り。
丸形の図形や矢印図形を
曲げて円状に重ねて表現

負の循環図

反時計回りにして
ネガティブな循環を表現

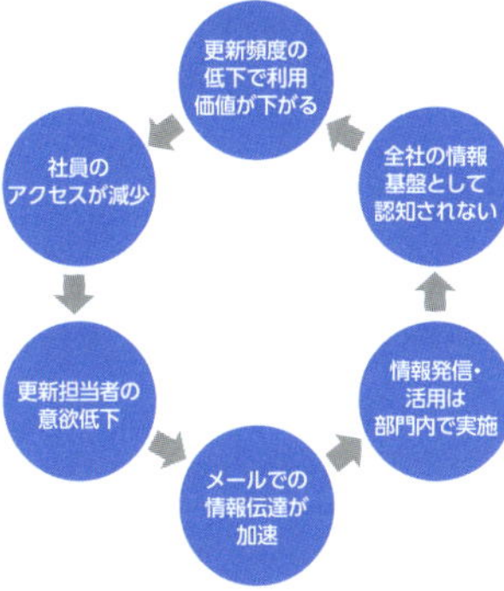

マルチ循環図

途中の出入りや戻りなどの
複雑な循環を表現

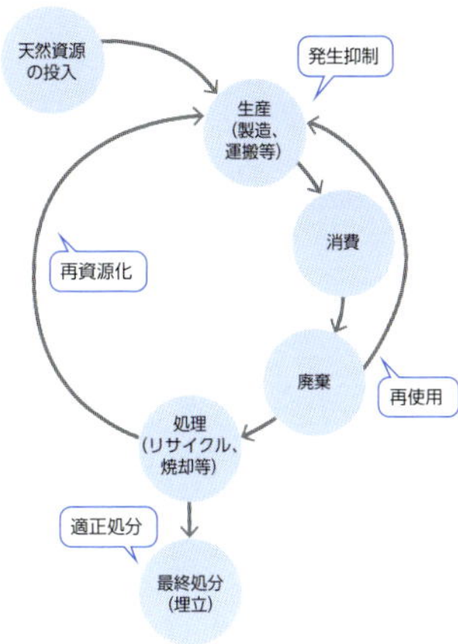

正負循環図

開始位置により
意味が変わる循環

ダニエル・キムの「成功の循環」モデル

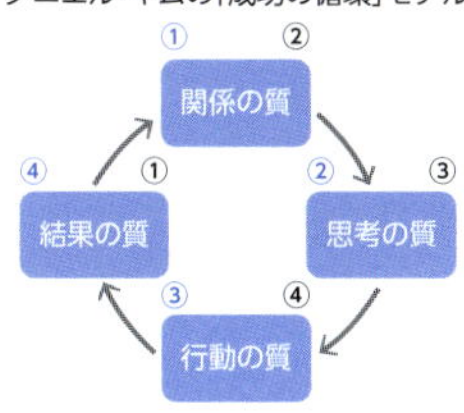

グッドサイクル
①お互いを尊重し、一緒に考える
②気づきがある、面白い
③自分で考え、自発的に行動する
④成果が得られる
⑤信頼関係が高まる

バッドサイクル
①成果が上がらない
②対立、押し付け、命令する
③面白くない、受け身で聞くだけ
④自発的・積極的に行動しない
⑤関係が悪化する

55 階層関係の図

上下関係やヒエラルキーを表す

さまざまな上下の関係を表現します。概念的な上位・下位の関係、具体的な組織などの上下関係、機能や役割が層のように重なっている概念などを表現します。

階層関係を表す表現方法は３タイプあります。表現したいものに応じて図のタイプはだいたい決まってきます。

・ピラミッドタイプ

三角形を水平に何階層かに分けて表現します。主に概念的なコンセプトなどの表現に使われることが多いのが特徴です。右図のような、事業戦略の考え方や、**マズローの欲求ピラミッド**など、抽象的な概念の階層を表現することが多い図解です。

・組織図タイプ

四角を並べて線でつないだもので、ピラミッドより具体性の高い集団である組織などの階層構造を表現します。線は主に指示命令系統など従属関係を表現します。組織図以外では、事業構造や商品・サービスを大きなカテゴリーとそれに分類されるものとして表現します。

・レイヤータイプ

「レイヤー(layer)」とは積み重なっている状態、層、階層を意味します。事象や機能がどのような順番で積み重なっているのかを概念的に示す図解です。システム関連で使われることが多く、基盤となるネットワークやプラットフォームなどの下層に、上位の層を重ねてシステムの全体像を表現します。

ピラミッドタイプ

三角形を水平に区切り、
概念的な階層構造を表現する

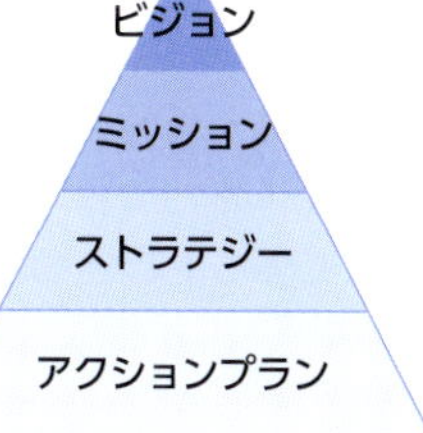

組織図タイプ

組織、チームの体制図など
役割や指示命令系統が明確な
具体的な階層構造を表現する

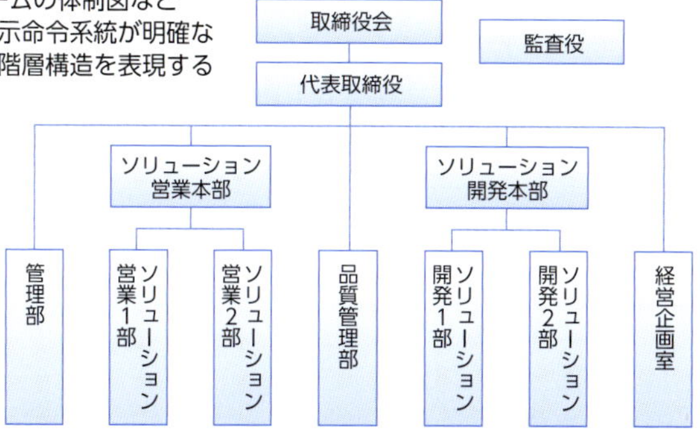

レイヤータイプ

複数の異なる役割や機能の層が
重なっている様子を表現する

アプリケーション層

プレゼンテーション層

セッション層

ネットワーク層

56 アナロジー

比喩を用いて複雑な概念を分かりやすく

図解はさまざまな情報を単純化して伝えるものですが、複雑な概念を伝えるためには、アナロジーが向いています。比喩は全体感と細部の関係性を分かりやすく伝える手段です。

情報の複雑な細部や全体としての調和など、より複雑な概念を文章であれこれ解説しようとすると冗長で分かりにくくなってしまいます。そのような時に便利な表現が、アナロジー（比喩（ひゆ））です。

比喩は、**相手が既に持っている概念を利用することで、細部を説明しなくても、理解してもらうことができます**。よく使われる例をいくつか紹介します。

・器具のアナロジー

表現したい動作を象徴するような器具で表現します。たとえば「バランス」という動作をシーソーで、「上昇」という動作を階段で表現するなどです。

・自然生態のアナロジー

自然の概念は多くの人に根づいています。スキルやマインドを植物にたとえることで、マインドは地中に根づいて、養分を吸い上げるような重要な要素であることが伝えられます。氷山は「目に見える現象はわずかで、隠れている部分が重要」というメッセージを表現するのに使われます。

・スポーツのアナロジー

スポーツも、ルールや動き方などの知識が浸透しており、人の動き方を表現するのに向いています。文字で役割・責任を示すよりも、意味づけなどを伝えることができます。

器具のアナロジー

シーソーでバランスを表現

階段で上昇をイメージ

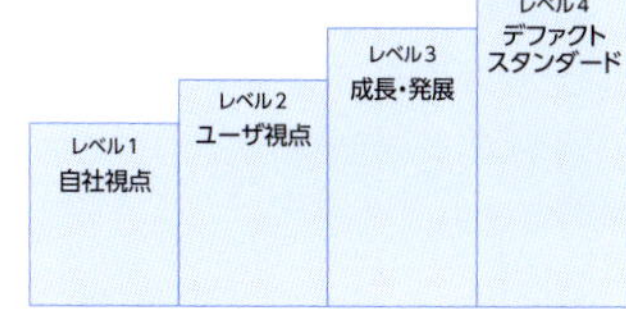

自然生態のアナロジー

植物の概念でスキル体系を表現

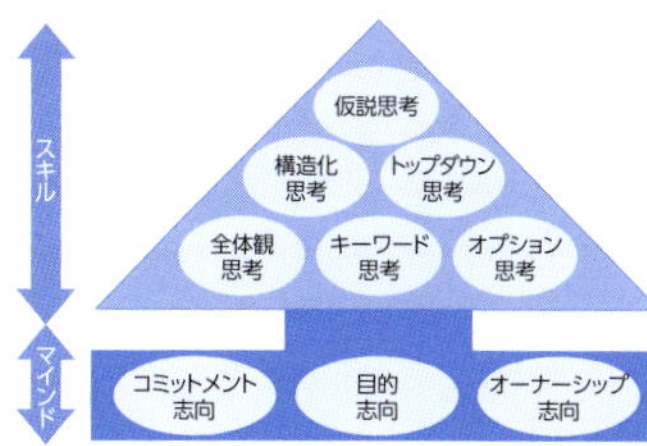

氷山で見えないものの大きさを表現

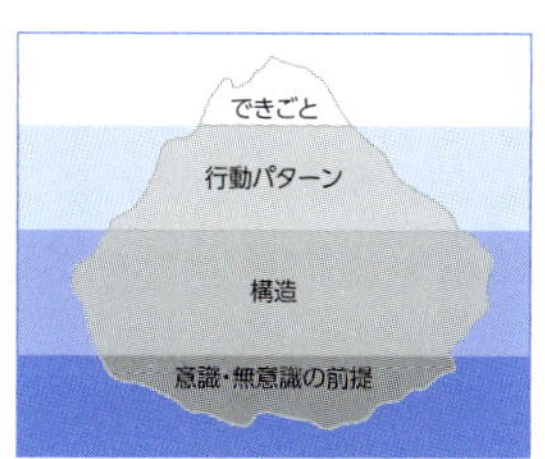

スポーツのアナロジー

組織の役割・関係をサッカーチームの概念で表現

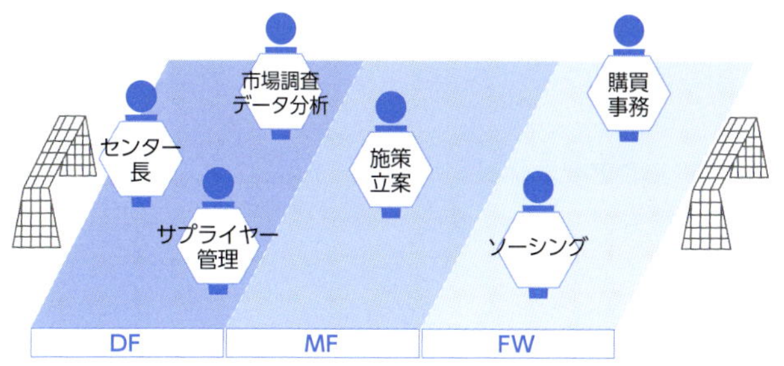

57 図の組み合わせ

複数の図を組み合わせて複雑な概念を表す

複雑な概念でも、いくつかの図やグラフ、表を組み合わせることで表現できます。なかでも位置や階層は、他の図と組み合わせやすい図解タイプです。

図のタイプをいくつか組み合わせることでも、複雑な概念や関係性を表現することができます。ひとつの図のタイプだけに頼ろうとすると、さまざまな情報を文字で記載することになりがちです。**図を組み合わせることで、文字に頼らないで複雑な関係性を表現できる**ようになります。

上の図はピラミッドの横に書かれたプロジェクトのフェーズでやるべきことを記載したものです。階層関係の図だけだと、経営層など各層の横に、「開始前に○○を行う」など時期と役割の双方を書くことになり、煩雑になってしまいます。右図のように、階層の横に位置の図を組み合わせることで、各層が各時期でどんな役割なのか、またその重点的な役割の変遷なども矢印記号で視覚的に示すことができます。

下の図も同じく、階層と位置の図の組み合わせです。こちらは横軸に年代を縦軸に富裕層・中流層・貧困層などの階層の定義を設定し、三角の図形をプロットし、色づけや形を変え、矢印で変化の傾向を強調することで、階層の年代別の特徴を表しています。

このように位置は横軸に時系列をとることで、変化を表現しやすいですが、そのままセルの中に文字で表現してしまいがちです。セルの中に表現した文字を図で表現することは可能かどうかを考えてみるとよいでしょう。

初めからPCで作成せず、紙に書いて試行錯誤しましょう。

階層別の重点の変化を位置で表現

時系列で各層がやることと重点領域を表現

変革における役割定義

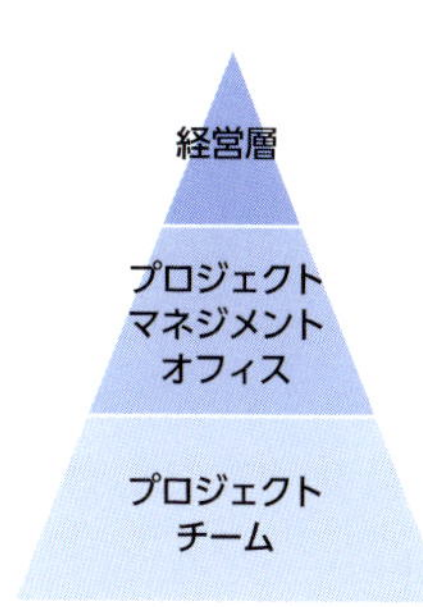

開始前	計画	実行	実行後
ポートフォリオに基づいた投資対効果判断			効果測定とモニタリング
	計画策定とリソース調達	モニタリング	予実管理
		作業実施と進捗報告	

階層を位置の中で上下に配置

各年代で階層が上下にどう変化したかを表現

階層の時代変遷

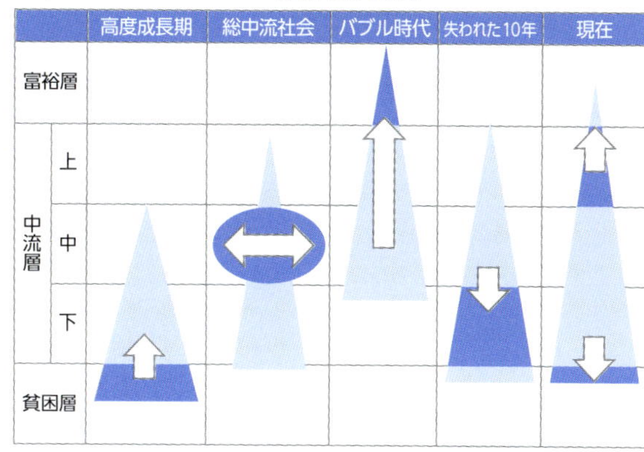

58 図の改善① 文の重なりを解く

重複した文章は因数分解で解く

文章には、主語、述語、目的語などが含まれているため、冗長になりがちです。図解では文章をできる限り因数分解することでより分かりやすい視覚的な図を目指します。

分かりにくい図を改善するための鉄則は「重なりをなくす」ことに尽きます。分かりにくい図は、同じワードが繰り返し出てきたり、線や図形が重なって見づらくなっているのが特徴です。ここではまず、冗長な文章が多い図の改善について説明します。

まず、改善前の図は、「誰が何をするのか」が文章で記載されています。一目で誰が何をするのかを把握するのは難しいでしょう。文章は、主語や述語、目的語がないと成り立ちません。文章も少なければ読む速度も理解にかかる時間もそれほど必要としませんが、多くなってきた場合には問題です。

改善には、「26　文字の減らし方」（→64ページ）の項でも紹介した**因数分解**のテクニックを用います。因数分解とは、数学の「ab+ac+ad = a(b+c+d)」の要領と同じで、文書の中で繰り返し出てくる言葉を外に出して、見出しとして括ります。この例では「人物」が繰り返し出てきますので、3名の人物を括り出して、縦軸に設定します。このようにすることで、四角形の図形には動作のみを記載し、順番は矢印で表現できるようになり、視覚的に伝えられるようになりました。

基本的に、図解の場合、図形の中に文章を書くことは避けたほうがよいでしょう。**ひとつの要素をひとつの図形で表し、関係性は配置で、順番は矢印で表現する**と覚えておくことで、図解したのに冗長という状況に陥らなくなります。

改善前

文章で「誰が何をするか」を表現

Step1 予算申請	Step2 予算承認	Step3 予算管理
各社員が予算をとりまとめて申請フォームに記載 部門長がとりまとめて部門として優先順位をつけて提出 部門長はCFOに対してプレゼンテーションを行う	CFOはすべての申請に対して、部門横断でとりまとめて確定し、承認する 部門長は配賦された予算を確認し、問題がある場合は再提出する CFOは再提出予算を再検討し、最終予算を確定し、部門長に通達する	各社員は予算使用後に報告書を部門長に提出 部門長は予算利用状況をとりまとめ、予実レポートを作成し、四半期ごとに提出する CFOは予実を確認し、次四半期予算の割り当ての参考とする

改善後

縦軸に人物を括り出し、四角形で動作、矢印で順番を表現

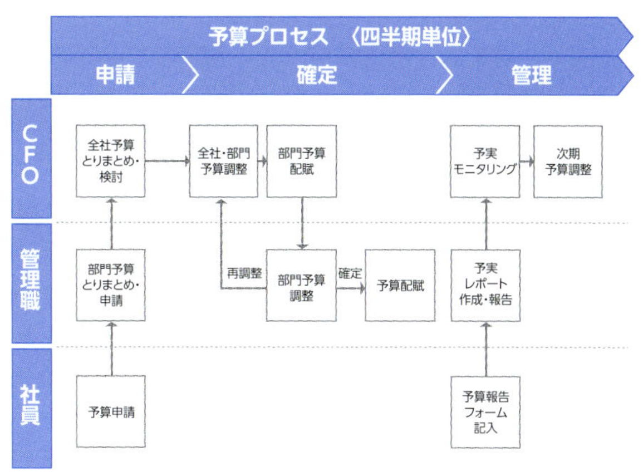

59 図の改善② 線の重なりを解く

錯線した線は配置で解く

図を作成していて線が重なってきた時は、関係性のパターンの選択ミスである場合が多いと言えます。いくつかの関係性を試して改善していきます。

要素の重なりの２つ目は、「線」の重なりです。２つの要素の関連を示したい時、線でつなぐという方法がすぐに考えられるものの、要素の数が増えてくると線で関係性を示すのは難しくなってきます。改善前の図はロジカルシンキングのツールを問題解決のどのシーンで使うのかを表現しようとしていますが、ツールとシーンがそれぞれ４つ以上あるため、つながりを正確に把握するのは難しい状態です。**線で関係性を示すのは、１対１、せいぜい１対多の対応**と考えたほうがよいでしょう。

このように線が重なった場合には、表現要素の配置を変えることで解消できます。ツールを縦軸に、活用シーンを横軸にします。シーンは時系列の要素なので横軸で左から右で置きます。縦軸と横軸にすることで、位置の図になりセルができ、関係性を示すことができるようになります。

改善の手がかりを探す際には、関係性のパターン（→114ページ）を参考にします。この例では「どのシーンでどのツールを使うか」を表現したいので、どの関係性がふさわしいか候補を挙げます。シーンが出てくることから「展開」か「手順」が候補に挙がり、また２つの軸が出てくることから「位置」も候補になります。発展性はないので「展開」は候補から落ち、「手順」でツールをどう表現するか考えていくと、最終的には、改善後と同じ表現に落ち着くでしょう。

改善前

混線状態に陥り、左と右の要素の関係性が把握しきれない

ロジカルシンキングツールと活用シーン

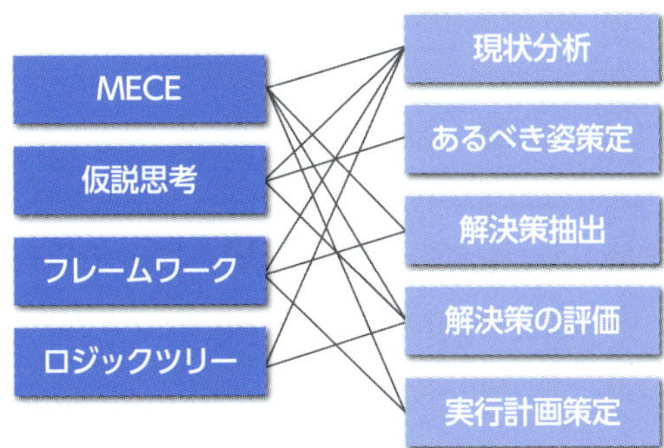

改善後

縦軸にツール、横軸に活用シーンを配置し、セルの色で関係の有無を表現

ロジカルシンキングツールと活用シーン

	現状分析	あるべき姿策定	解決策抽出	解決策評価	実行計画策定
MECE					
仮説思考					
フレームワーク					
ロジックツリー					

60 図の改善③　面の重なりを解く

面の重なりはずらして解く

面の重なりは、３つ以上の比較項目が存在する場合に起きやすくなります。データが多い場合には無理にひとつの図に収めず、面をずらすことで要素を見えやすくします。

面の重なりが起きがちなのは、３つ以上の項目を比較したい場合です。２つの項目であれば縦軸・横軸を設定すれば大抵表現できますが、３つ以上になると、３つ目の要素を線や色の違いで表現しようとして複雑になりがちです。

改善前は、各国で、３つの事業に対する、展開範囲を示すという図です。国と事業を縦軸・横軸に設定しており、中にプロットする図形の形で展開範囲を示していますが、重なりが多く、下のほうの会社になると、どこまで展開しているのか範囲が正確に把握できません。範囲の重なりが少なければこのフォーマットでも表現できますが、重なりが多い場合にはずらさないと見えません。

改善後の図では、面をずらして見えるようにしています。平面のまま並べてももちろん大丈夫ですが、立体的に斜めにして並べている理由は、メッセージの「欧州のⅢ事業は４社とも展開していない」ということを、矢印で串刺しすることで表現したいためです。**メッセージに応じてふさわしい表現が決まるわけで、見た目をよくするためだけに立体的にする必要はありません。**

資料やスライドは２次元の表現なので、３つの比較項目が入ってきて３次元になると判読性は落ちてきます。データが多すぎて重なりが多く発生した場合には、面をずらして形の特徴が出るよう改善しましょう。

改善前

各国で展開している事業領域が重なっており、下の企業の範囲が不明瞭

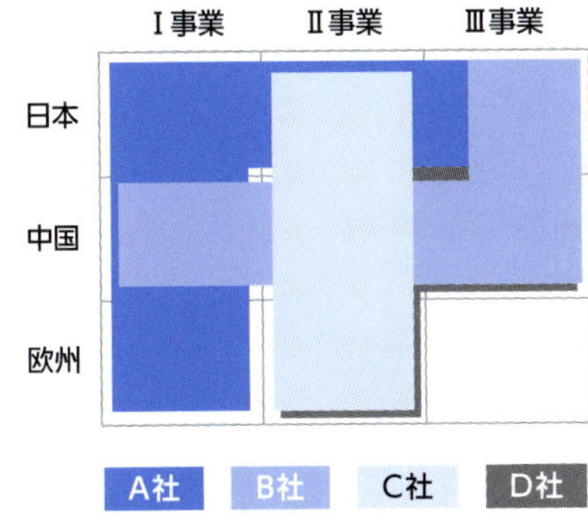

改善後

面をずらすことで、全企業の展開範囲を明確に表現

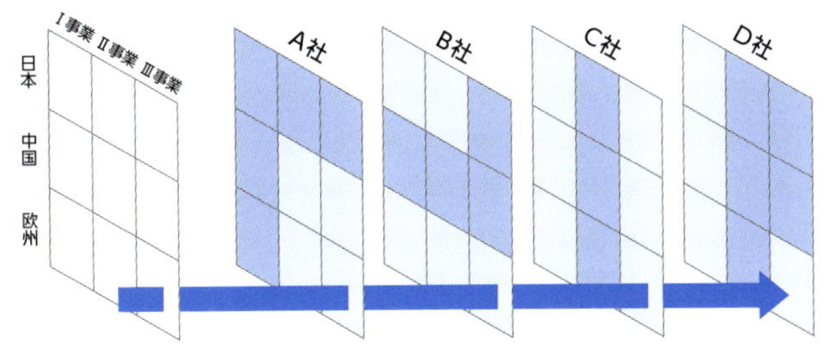

Coffee Break

不協和音を防ぐコツ

提案書や企画書などを作業分担して複数人で作成することはよくありますね。そのようなときに、各人が思い思いに作成して、後で統一するのは意外に時間がかかります。そのような場合には、ストーリーボードとスタイルガイドの徹底をするとよいでしょう。

まず、適当に作り始める前に、全体のストーリーボードを共有します。ストーリーボードにはできれば手書きで、「スライドの左に３社比較の売上棒グラフを入れて、右に説明用の図」など、スライドに何を書くのかまで決めてしまいましょう。単に「売上データを入れる」という決め方の場合、詳細なデータ表を貼り付けるだけの人もいれば、自社の売上グラフだけ作成するなど、認識違いが起きるからです。あらかじめそこまで決めるのは面倒に思えるかもしれませんが、作業時間を費やしてから修正するのは時間の無駄遣いです。できるだけ読み違いがないよう、しっかりとデザインしておくとよいでしょう。

次に、スタイルガイドを作り、徹底します。スタイルガイドとは、メッセージラインなどスライドのレイアウトや、タイトル・見出し・本文・注釈で使うフォント、基本カラーやアクセントカラーといった体裁の決まりごとです。筆者が外資系コンサルティング会社にいた際には、毎年このスタイルガイドが刷新されて配布されました。表紙の画像が新しいサービスをイメージさせるものになり、その雰囲気に合わせて基本カラーやアクセントカラーが変わり、フォントも最新のものに変わっていたりと、企業としての統一感や洗練されたイメージを保つ工夫がされていました。

第Ⅶ章

視覚効果のテクニック

61 レイアウトの基本

原則は上から下、左から右

レイアウトは基本的に上から下、左から右の流れをページ内で統一し、両方を混在させません。また、スライドを分割して配置を考えることで重要なメッセージに視線を誘導します。

レイアウトの基本として、視線の流れを1つのページ内で統一しましょう。表、グラフ、図、画像など、さまざまな要素を配置する時に何も考えずにレイアウトすると、視線の流れがあちこちに飛んでしまい、1つひとつは完璧に作成してあったとしても見にくいページになってしまいます。

基本は「**上から下へ**」と「**左から右へ**」という流れで、同じページ内に両方が混在しないようにします。NG例のように上半分は左から右、下半分は上から下になっていると何度も視線が行き来することになります。下の表部分も縦横を回転させれば、左から右への流れに統一できます。

また、たとえば「左側にグラフ、右側に説明」という**レイアウトルールを一度決めたら、ページが変わっても同じルールを踏襲する**ことで、ページをめくった時に相手がいちいち「これはどう見るのか？」と悩むことを減らせます。

白紙のスライド上に図や説明をどのように配置するかを考えるにあたり、スライドを分割して、重要な情報を置く位置を決める方法があります。ひとつは、三分割法です。**スライドを縦横３つに分割し、その交点**（**パワーポイント**と呼びます）**に、視線を集めたいものを配置します**。画像を効果的に使ったスライドに向いています。また、四分割法では、視線は左上から右下に小刻みに流れて情報を把握することを意識して、Z型に流れを作り、左上と右下に重要な情報を配置します。

レイアウトの基本

上から下へ

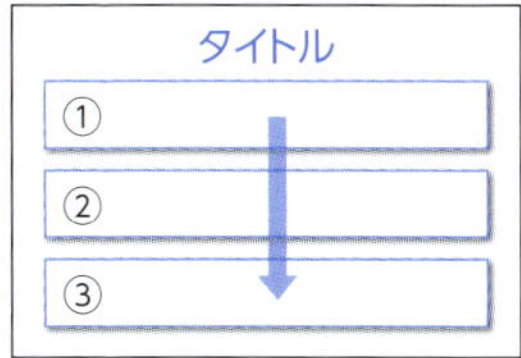

左から右へ

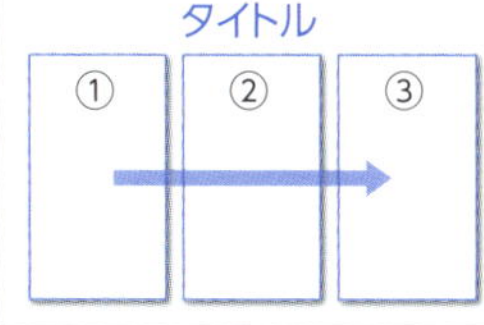

✕ NG例

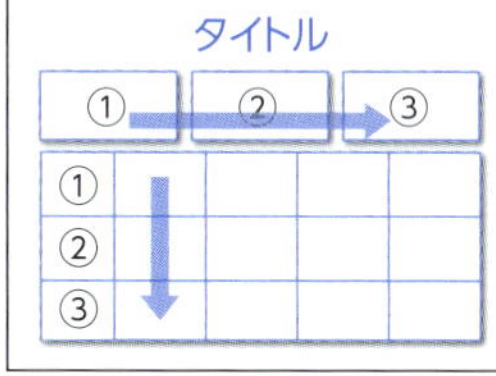

スライドを分割して配置を決める

三分割法

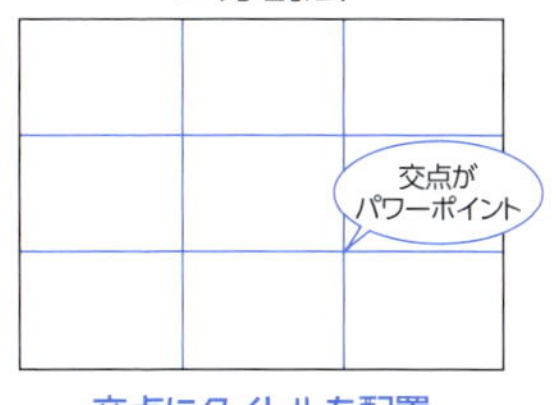

交点にタイトルを配置

四分割法

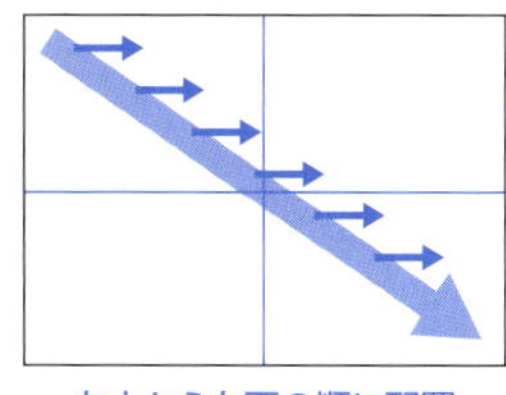

左上から右下の順に配置

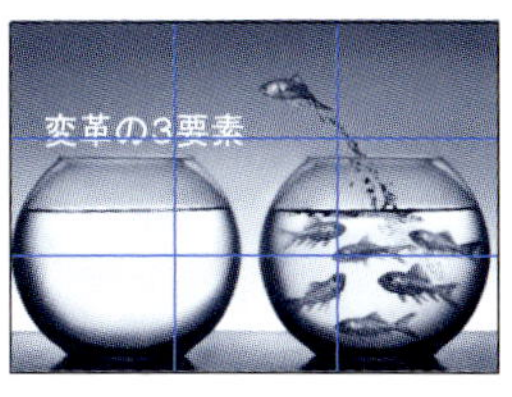

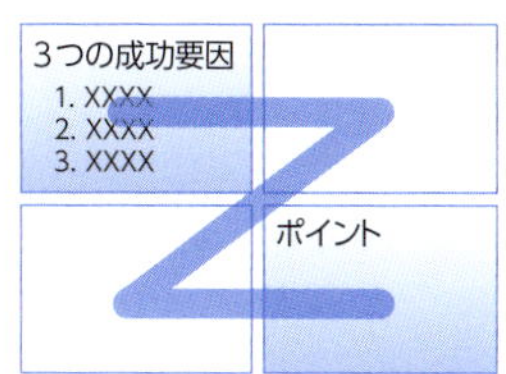

62 図の視認性を高める

距離、大きさ、付番で、見た瞬間に分かるように

スライドやページの見やすさは、大きな配置の問題だけではなく、図形の距離や、大きさによっても変わります。また、見る順番が分かりにくいものは番号をつけて見やすくします。

図は形の配置で関係性を表現するものです。どの形とどの形が近接関係なのかを距離で把握できるようにします。いつでも等間隔にするのではなく、**同じ性質のものは近づけて配置する**ことで視覚的に関係性が見えるようになります。同じグループを線で囲んだり、色で区別する方法もありますが、線や色は増えるとノイズにもなります。なるべく使わずに形と位置だけで遠近が分かったほうがよいでしょう。

大きさも、図解においては量の多さや重要度を視覚的に示します。右図のように矢印の太さを変えることで、数値比較よりも見た瞬間に量が把握できます。文字でも同様で、日付の月日や単位などの文字ポイントを小さく表記することで、数値そのものが目に入りやすくなります。いつでもすべて同じ大きさにするのではなく、**重要な文字や数値が際立つように他のポイント数を50-70%小さくす**るとよいでしょう。

距離や大きさなどを工夫しても、複雑な図になってくると相手には見る順番が分かりにくい場合があります。作成する人は始点終点や順番を当然分かっていますが、必ずしも伝わるとは限りません。右の例は、**通し番号を振る**ことで、この３者でどのように処理が進むか分かりやすくなっています。

距離、大きさ、付番はちょっとしたことではありますが、見やすさを左右します。この一手間が視認性を高めるので、相手目線になって見やすさを考えましょう。

距離：関係性の遠近を示す

均等配置すると
関係性が見えにくい

A-1
A-2
A-3
B-1
B-2
B-3
C-1
C-2

近い関係性の物は
近づける

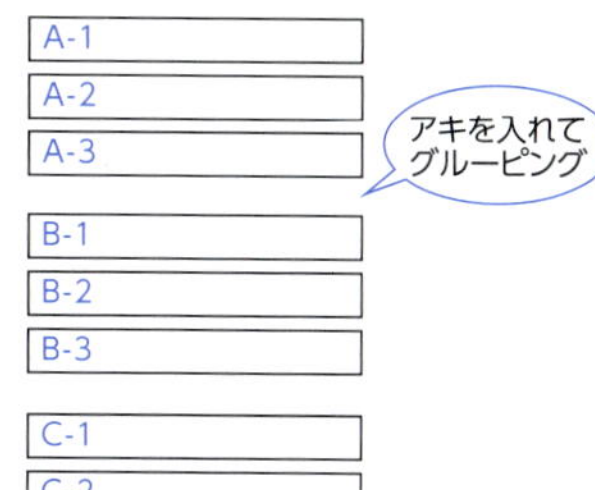

大きさ：量と重要度を示す

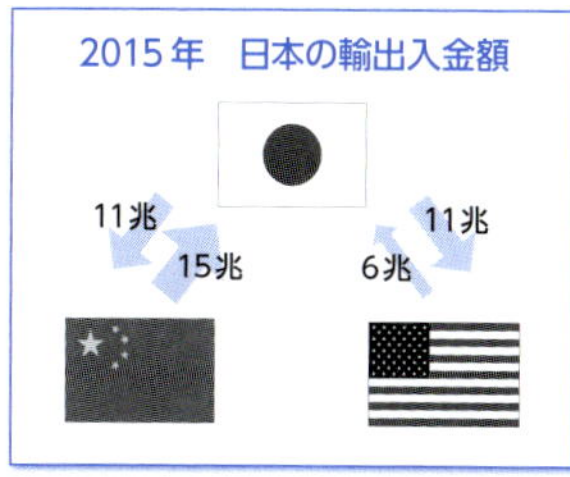

付番：番号で視線を誘導する

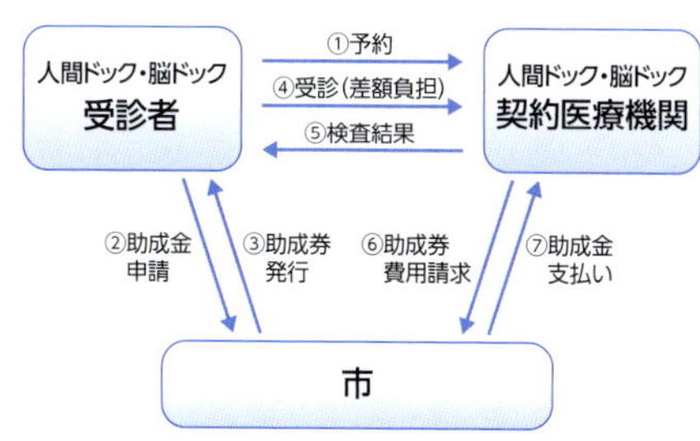

63 イラストを使う

テイストを合わせて効果的に使う

ビジネス文書でイラストを使う際には、明確な意味付けが必要です。「何となく」選んだイラストを使うのではなく、意図的にテイストを合わせて使います。

ビジネス文書でイラストを活用する際にはテイストを合わせましょう。異なるテイストのものを無造作に使うと統一感が損なわれたり、資料の信頼性に関わったりします。

イラストを選定する時によく使うのは、クリップアート集ですが、あれこれとランダムに選ぶのではなく、同じテイストのイラストや写真を一覧表示して選択します。そのとき、細かい背景が描かれたシーンのイラストは選ばないほうがよいでしょう。選んだ本人は分かっていても、縮小した場合、遠目では何が描かれているのか判別しにくいためです。できればピクトグラムのようなシンボリックなシンプルなものを選んだほうがよいでしょう。**ピクトグラム**とは何らかの情報を表現するための視覚記号の一種で、地(じ)と図に明度差のある２色で、表現したい概念を単純な図として表現しているものです。東京オリンピックで、言葉が通じない外国人にも分かりやすく表現する手法として開発されました。さまざまな種類のものが有料無料で入手できます。

そうは言っても、すべて同じタイプの図を選ぶのは難しいので、その場合には、色のトーンを合わせることで統一感を出すことが可能です。MSオフィス製品の場合には［図の書式設定］の［色の変更］で同じ色を選ぶことで、イラストやピクトグラム、写真を同じ色のトーンに変更できます。資料全体のテーマカラーとして統一するとよいでしょう。

テイストを合わせる

さまざまなタイプのイラストを混在して使用

Attention 注目 → Interest 興味 → Search 検索 → Action 行動 → Share 情報共有

ピクトグラムに統一してイラストを使用

Attention 注目 → Interest 興味 → Search 検索 → Action 行動 → Share 情報共有

色のトーンを合わせる

イラスト、ピクトグラム、写真が混在する場合も色を揃えて統一感を出す

64 写真を使う

大きさと向きを揃えてイメージを確実に伝える

写真は文字やグラフ、図では伝えきれない多くの情報量で表現したいメッセージのイメージを伝えます。大きさと向きを揃えることで、イメージを確実に伝えましょう。

写真はリアリティやイメージを効果的に伝えることができる表現方法です。ただし、何も下処理をせずに使うと、ごちゃごちゃとした乱雑なイメージを与えてしまいます。下処理はあまり難しくはありません。写真を使う際にはこの一手間をかけることで、統一感を出しましょう。

①大きさを揃える

いろいろな写真を使うと大抵、縦横の比率が違っています。また、対象がとても小さく写っていて遠目からは見えない場合もあります。そのような時には**トリミング**処理をしましょう。パワーポイントであれば、[図の書式設定]に[トリミング]という機能があります。これで写真を切り取り、必要な部分だけを切り取り、大きさを揃えます。

また写真が与えるインパクトは、大きさによって異なります。小さい写真ではインパクトはあまり伝わりません。表紙で用いる場合には思い切って縦か横がスライド全体になるくらいまで拡大して使いましょう。

②向きを揃える

人物が写っている写真は、顔や視線の向きに注意しましょう。人は、写真の人物の視線の先に何があるのかを無意識に見るからです。人物の顔がスライドの外側を向いていると注意がそれます。**画像の反転**処理でスライド内を向く位置に変更したり、メッセージや文章の位置を変えましょう。

大きさを揃える

写真をトリミングして大きく見せる

できるだけ画面いっぱいに配置する

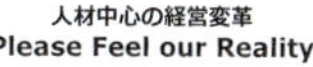

企業変革戦略グループリーダー
山田太郎

向きを揃える

人物の顔の向きで、重要な情報に向かせる

Our
Message

Our
Message

Our
Promise

Our
Promise

65 キャプチャーを使う

実物を効果的に資料に取り込む

文章や図にするよりも、実物を見せることが効果的な場合があります。紙面や画面を画像として取り込む「キャプチャー」を使い、リアリティを出しましょう。

「百聞は一見にしかず」と言うように、文章で冗長に表現するよりも実物を見せるほうが効果は絶大です。**キャプチャー**とは、画面や誌面などを画像として取り込むことです。

たとえば新聞や雑誌などのメディアから引用する際には、文章や掲載情報だけを掲載するのではなく、**記事のキャプチャーを貼り付けるとリアリティが出せます**。中でも注目してほしい箇所を囲むことで視線を誘導するとよいでしょう。新聞記事の大きさは世の中の注目度を表していますので、記事の掲載面積が大きいということは、すなわち「信頼性」を表現できるわけです。

また、特に権威ある雑誌や書籍に掲載された場合には、**雑誌の表紙やタイトルロゴなどをキャプチャーする**とよいでしょう。これは「権威」を表現することになります。

アプリケーションやシステムの提案資料、説明資料では、画面キャプチャーが効果があります。論理的に整理して機能を事細かに伝えるよりも、どんな画面なのか、機能や画面遷移、活用シーンが分かったほうがリアリティを感じます。

とはいえ、あまりにも多くの画面キャプチャーが並ぶと煩雑なイメージを与えることにもなります。代表的な画面は全画面キャプチャーで、他はトリミングして部分キャプチャーにするなどメリハリをつけます。その上で囲みや矢印で視線を誘導することで、分かりやすく、迷わない資料になります。

紙面をキャプチャー

リハビリロボ
専門外来続々

手や足 効果的に補助

最先端訓練 やる気引き出す

上肢・下肢用合わせ10種超

リハビリに使うロボットは上肢用と下肢用に大別され、国内では合わせて10種類以上の機器が使われている。歩行訓練などを担う下肢用で最も普及しているのは筑波大学発ベンチャーのサイバーダインの「ロボットスーツHAL」だ。医療機関のほか専用のフィットネススタジオでも利用されている。股関節の動きを補助する機器ではホンダの「歩行アシスト」が普及。トヨタ自動車は昨年から「歩行練習アシスト」と「バランス練習アシスト」の2タイプを供給している。

これらの機器がモーターや油圧の力で動くのに対し、電気刺激による筋力の強化やまひの改善をはかる「機能的電気刺激（FES）」と呼ぶ機器も上肢・下肢向けに製品化されている。

画面をキャプチャー

66 リアルフォーマットを使う

最適な型に情報を配置する

資料は単に論理的に情報を整理しただけでは分かりやすくなるとは限りません。論理的情報を物理的なフォーマットにマッピングすることでより深みのある洞察が可能になります。

図や表、グラフはフォーマットを決めて、情報を論理的に配置する表現ですが、論理的であることと具体的なリアリティがあることはイコールではありません。全国の売上を見る場合などは、地域別の売上グラフよりも**地図のような物理的なフォーマットにしてグラフをプロットする**ほうが、得られる示唆が違ってくることがあります。たとえば「ある県を境に売上の傾向が大きく異なる」という場合、表で見ていると隣接する県をイメージできなければ、気がつかないかもしれませんが、地図で見れば一目瞭然です。右図でも単に表で地価トップ10を並べていても気づきは少ないはずです。

同様に店舗の売上も、店舗の見取り図上に配置してみると見えてくるものがあります。たとえば、同じ商品なのに、ある店舗だけ著しく売上が低いときに、売り場の見取り図にデータをプロットしてみたところ、通路幅やレイアウトがその商品の売上に影響を与えている情報が見えてきます。

その他の物理的フォーマットの例としては、オフィスや工場の中、店舗を撮影し、そこにデータや改善策をプロットしていくという方法もあります。また、物流拠点と物流量なども物理的なフォーマットで効果的に示せる例です。データだけを無機質に示すよりも、気づきとリアリティが増します。論理的なデータを物理的なフォーマットと合わせることで、より複雑な因果関係を示せるようになります。

地図フォーマット

東京23区別 地価トップ10

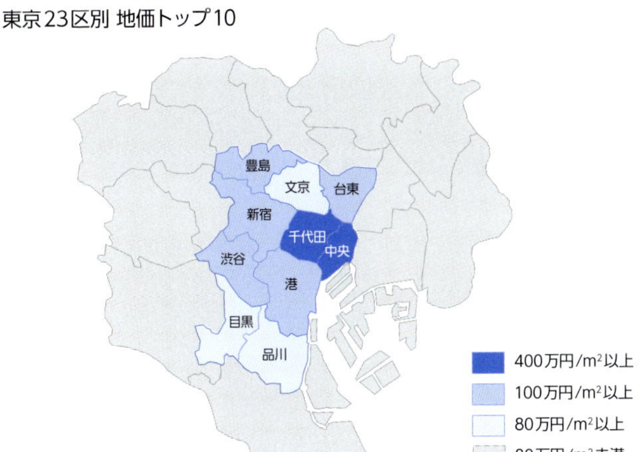

フロア図フォーマット

顧客の動線と購買の有無を視覚化

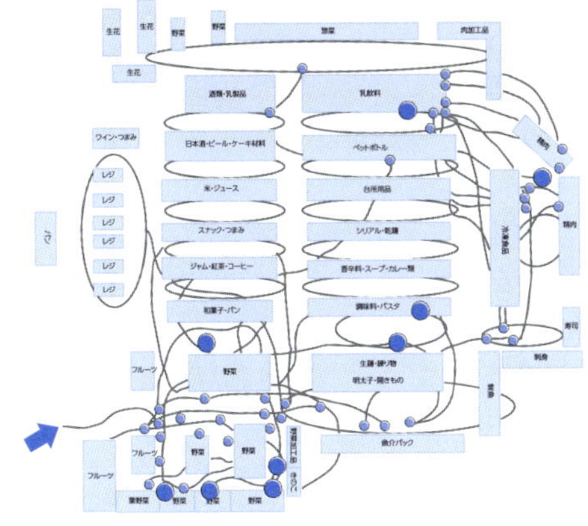

67 範囲指定・強調表現

範囲を明示したいときに限定的に使う

視線を誘導したり、範囲を示す表現には、色、囲み、大きさ、記号、アニメーションなどがあります。多用すると見づらくなるため、限定的に使います。

図、グラフ、表で注目してほしい箇所を範囲指定したり、強調する方法として以下の５つがあります。いずれも、使う箇所や頻度が多すぎると逆効果になりがちですので、限定的に使うことを心がけましょう。

①色付け

該当箇所をテーマカラーより目立つトーンの色や網かけなどで目立たせます。

②囲み

四角や楕円などで囲みます。楕円や角が丸い四角形は大きさを変えると形が歪みやすいため、数カ所で異なる大きさでは使わないようにしましょう。

③矢印・記号

矢印や星マークなど記号で視線を集めます。矢印は表などに使うとセル、行、列のどこまでを指しているのかが分かりにくいため、範囲が大きい場合には囲みなどと併用しましょう。

④大きくする

文字や図形を大きくすることで視線を集めます。複数の大きさが混在しないよう、ルールを決めましょう。

⑤アニメーション

プレゼンテーションスライドに限定されます。印刷資料では図形が重なっていないか確認しましょう。

色・囲みの注意点

囲みの多用や多種類使いは、見やすさを損ねる

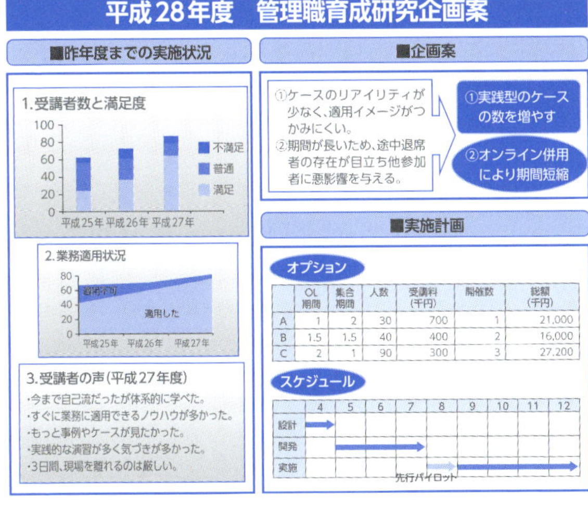

矢印・記号の注意点

矢印がC3だけを指すのか、C1～C3までを指すのかが分かりにくい

課題発見	課題分析	解決策立案	実行	評価
A1	B1	C1	D1	E1
A2	B2	C2	D2	E2
A3	B3	C3	D3	E3

注力領域

C3だけを指す場合には囲みや色付けが必要

課題発見	課題分析	解決策立案	実行	評価
A1	B1	C1	D1	E1
A2	B2	C2	D2	E2
A3	B3	C3	D3	E3

注力領域

68 色を使う① 色を選ぶ

センスではなく、理論で

色は好みや、何となく考えずに選んでしまいがちですが、ビジネス文書では色を多用しないことを前提とし、色の持つトーンを理解して選びます。

色使いは「センス」が必要と言われがちですが、ビジネス資料では個人的好みで色を選ばないほうがよいでしょう。色の持つイメージを参考にしてください。基本的に、①色を多用しないこと、②淡い色に抑えるとよいでしょう。

色数は５つくらいまでに抑えます。基本色として３色、注目を集めるためのアクセントカラーとして１色程度にします。

選ぶ色は、圧迫感のない淡い色を使うようにしてください。蛍光色など彩度の高い色を使う方がいますが、内容よりも色に目がいってしまいます。基本色を選ぶ際には、トーンの揃った色を選びます。トーンとは**明度（明るさ）と彩度（鮮やかさ）**です。トーンが揃っていない１色が混ざるとそれだけ浮いて見えてしまいます。

Microsoftのオフィス製品での色の選び方を２つ紹介します。他の製品でも選び方の考え方は一緒です。

選び方①　標準カラーパレット

同心円状に同じ明度や彩度の色が並んでいますので、3-4色選定して基本色とします。外側の色はそれより目立つのでアクセントカラーとして選びます。グラフなどで色を多く使う際は半径の線上に並ぶグラデーションカラーを選びます。

選び方②　テーマの色

横方向に同じトーンの色、縦方向はグラデーションカラーが並んでいます。同じトーンから基本色を選びます。

色が与える印象

色	ポジティブ	ネガティブ
赤	情熱的、アクティブ、愛情、リーダーシップ	怒り、危険、興奮
オレンジ	活気、明るさ、親しみやすさ、健康的	安っぽい、目立ちたがり
ピンク	優しさ、柔らかさ、女性的	幼稚、甘え
黄	希望、未来、幸福、明るさ	幼稚、未熟、警戒、注意
茶	安定、リラックス、自然、落ち着き	地味、野暮ったい
緑	自然、安らぎ、エコ、平和、安全	田舎、未熟
青	知的、誠実、男性的、爽やか、信頼、成功	冷淡、憂鬱、保守的
紫	高級、神秘的、伝統、美意識	不安、個人主義
白	清潔、シンプル、純粋、清廉潔白	敗北、欠落、淡泊
グレー	落ち着き、安定、洗練	地味、目立たない
黒	重厚、スタイリッシュ、格調、都会的	暗い、恐怖、悪、不吉

標準カラーパレット

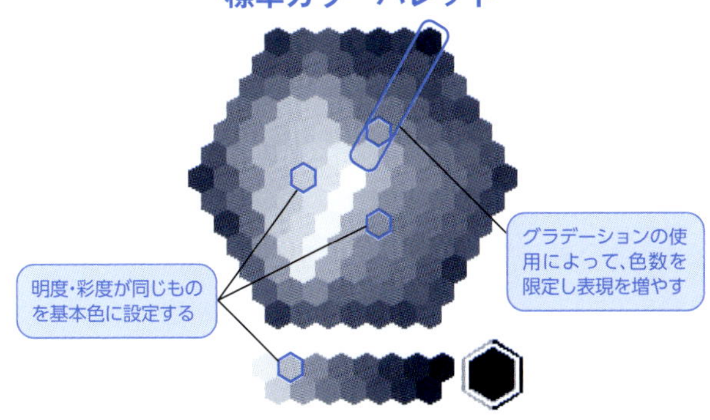

テーマの色

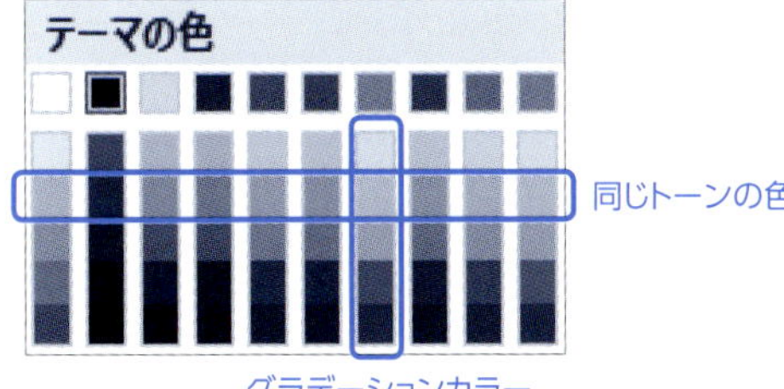

69 色を使う② 無彩色で見せる

白黒だけでも表現を洗練させる

白・黒・グレーなどの無彩色では表現できないと思いがちですが、明度を調整してグラデーションにすることで、むしろ洗練された表現にすることができます。

彩度とは鮮やかさを表しており、鮮やかさがもっとも低い色は、黒・白・グレーなどの色で**無彩色**と呼ばれます。

表の罫線やグラフの目盛り線など、あまり**目立たせたくないものは、線を黒ではなくグレーに設定する**ことで、見やすく洗練されたイメージにできます。無彩色を使いこなすことで、たくさんの色を使わなくても表現の幅が広がります。

いくつかテクニックをご紹介します。

①明度でコントラストを出す

無彩色を使う際には**明度（明るさ）**を意識しましょう。右図にあるように、同じ明度40%のグレーでも、背景に持ってくる色の明度で、濃くも薄くも見えます。コントラストがはっきりしすぎると目が疲れますが、淡すぎても弱々しいイメージを与えます。

②グラデーションで表現する

グラデーションは同じ色の明度を変えることで色を多用せず、多様な表現ができるテクニックです。無彩色でも明度の変化により、表現を豊かにすることが可能です。

③グレーアウトで視線を引きつける

見てほしい箇所だけに色をつけ、それ以外を黒やグレーといった無彩色にすることを「グレーアウト」と言います。該当箇所の図形だけ色をつけ、それ以外の図形や文字の色をグレーにします。

明度でコントラストを出す

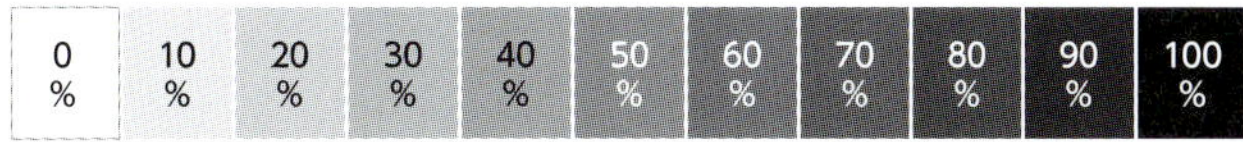

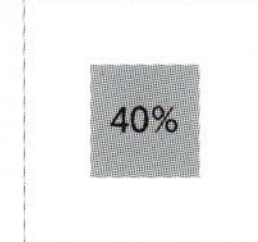

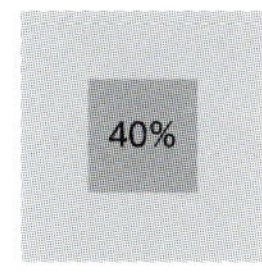

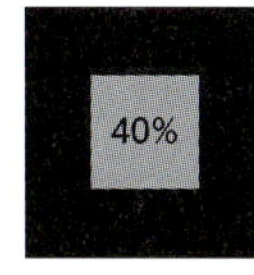

グラデーションで表現する

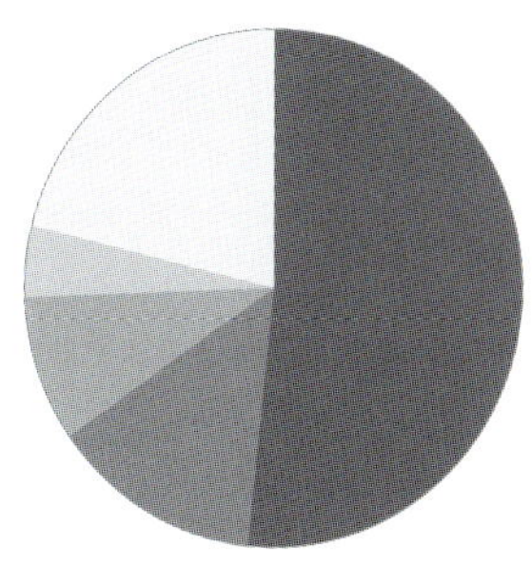

グレーアウトで視線を引きつける

現状分析 → あるべき姿策定 → 解決策抽出 → 解決策評価 → 実行計画策定

清水久三子（しみず・くみこ）
1969年、埼玉県生まれ。お茶の水女子大学卒業。大手アパレル企業を経て、98年にプライスウォーターハウスコンサルタント（現IBM）入社。新規事業戦略立案・展開支援、コンサルタント育成強化、プロフェッショナル人材制度設計・導入、人材開発戦略・実行支援などのプロジェクトをリードする。企業変革戦略コンサルティングチームのリーダー、IBM研修部門リーダーを経て、2013年に独立。
現在：& create（アンド・クリエイト）代表、
Organize Consulting 代表取締役
著書：『ロジカル・ライティング』（日経文庫）、『プロの課題設定力』『プロの資料作成力』（ともに東洋経済新報社）など多数
公式ウェブサイト：
http://kumikoshimizu-official.com

●日経文庫 1930
ビジュアル
資料作成ハンドブック
2016年 1月 15日 1版1刷

著　者　　清水久三子
発行者　　斎藤　修一
発行所　　日本経済新聞出版社
http://www.nikkeibook.com/
東京都千代田区大手町1-3-7
郵便番号 100-8066
電話（03）3270-0251（代）
印刷・製本　広研印刷株式会社
ISBN978-4-532-11930-0